中等职业教育改革创新示范精品教材（商品经营专业）

商品售卖

主　编　高　茵

主　审　聂海英　孔　焱

電子工業出版社

Publishing House of Electronics Industry

北京 • BEIJING

内 容 简 介

本书根据对商品销售、前台收银、损耗管控、客户服务、档案管理、专柜管理、店务管理、采购管理等典型工作岗位所做出的市场分析，选择与中职学生密切相关的销售流程中各岗位任务组织专家团队进行编写。内容为销售前期准备工作、接待服务、商品介绍、异议处理、销售后期工作等。内容反映销售领域的新理念以及商品售卖的相关技巧和知识，案例丰富、可读性强。

本书可供中等职业学校商品经营专业师生作为教材也可供社会相关从业者学习使用。

图书在版编目（CIP）数据

商品售卖 / 高茵主编. —北京：电子工业出版社，2013.11
中等职业教育改革创新示范精品教材. 商品经营专业
ISBN 978-7-121-21228-4

Ⅰ. ①商… Ⅱ. ①高… Ⅲ. ①商品－销售－中等专业学校－教材 Ⅳ. ①F713.3

中国版本图书馆 CIP 数据核字（2013）第 186043 号

策划编辑：杨宏利　　投稿邮箱：yhl@phei.com.cn
责任编辑：杨宏利　　特约编辑：王　纲
印　　刷：三河市鑫金马印装有限公司
装　　订：三河市鑫金马印装有限公司
出版发行：电子工业出版社
　　　　　北京市海淀区万寿路 173 信箱　邮编　100036
开　　本：787×1 092　1/16　印张：8.5　字数：217.6 千字
印　　次：2013 年 11 月第 1 次印刷
印　　数：3 000 册　　定价：25.00 元

凡所购买电子工业出版社图书有缺损问题，请向购买书店调换。若书店售缺，请与本社发行部联系，联系及邮购电话：（010）88254888。

质量投诉请发邮件至 zlts@phei.com.cn，盗版侵权举报请发邮件至 dbqq@phei.com.cn。

服务热线：（010）88258888。

商品经营专业示范建设系列教材

编委会

前言

为适应我国当前的中等职业教育发展形势，配合国家示范性中等职业学校建设计划，为国家和区域经济发展培养技能型、实用型人才，在专业建设中能为其他职业学校同类专业提供参考，现特别推出学校示范建设专业之商品经营专业系列教材。本系列教材遵照“以职业能力为本位，以项目任务为载体”的原则，以项目化的形式编写，突出实践能力培养。本系列教材可供中职学校商品经营专业师生使用，也可作为相关专业的培训教材。

《商品售卖》是根据示范校建设过程中课程体系改革的要求和流程，在职教专家和行业专家的指导下，在进行了充分的市场调研和完整的工作任务分析后，根据共同开发的课程标准所撰写的商品经营专业教材。本书更新了一些理论知识和典型案例，使内容更加饱满、结构更加合理，反映了销售领域的新理念。本书在典型工作任务与职业能力分析的基础上，遵循“发展学生能力为目标，典型项目为载体，完成工作任务为主要学习方式，构建模拟工作情景，教师为引导，学生为主体”这一主线，按照服装销售，食品销售，家杂类商品销售，酒、茶类商品销售，家电销售五个工作项目组织教学内容。本书将理论与案例结合，力求突出基础性、实践性、时代性和可读性，不但增加了一定的趣味性，也有助于学生对基础内容的理解和基本技能的形成。

本书由重庆市旅游学校高茵任主编，毛莉负责项目 1 的编写，赖荣彦负责项目 2 的编写，曾兵负责项目 3 的编写，高茵负责项目 4 的编写，周小蓉负责项目 5 的编写，全书由高茵统稿，高茵和毛莉校对，聂海英、孔焱审稿。

本书在编写过程中，得到了各方专家、领导的指导与支持，各位编写老师倾注了心血，付出了大量的辛勤劳动，在此向他们致以最真诚的谢意！

随着商品经济的不断发展，行业知识不断更新，鉴于编者能力有限，书中不当之处在所难免，敬请读者提出宝贵意见，以便不断修改，使之趋于完善。

编　者
2013 年 9 月

目录

项目 1　服装销售　/ 1

任务 1.1　销售前的准备工作　/ 3
任务 1.2　销售中的基本程序及技巧　/ 16
任务 1.3　销售后的客户维护　/ 25

项目 2　食品销售　/ 30

任务 2.1　销售前的准备工作　/ 31
任务 2.2　销售中的基本程序及技巧　/ 39
任务 2.3　销售后的客户维护　/ 45

项目 3　家杂类商品销售　/ 48

任务 3.1　销售前的准备工作　/ 49
任务 3.2　销售中的基本程序及技巧　/ 60
任务 3.3　解释购买行为方案　/ 67

项目 4　酒、茶类商品销售　/ 74

任务 4.1　营业前准备　/ 75
任务 4.2　销售酒、茶类商品　/ 91
任务 4.3　顾客信息归档　/ 103

项目 5　家电销售　/ 110

任务 5.1　销售前期准备　/ 111
任务 5.2　家电销售流程与技巧　/ 116

参考文献 125

项目1

服装销售

项目背景

2013 年 6 月，张玲终于从中职学校毕业了，她所学的专业是商品经营。她很幸运，在某商场找到了一席之地，开始了她的职业生涯。

她渴望在新的领域大展拳脚，到公司报到后，她被分配到商场服装部从事营业员工作。兴奋之余，张玲很迷茫，她不知道该如何开展工作，但又不愿意让别人笑话，于是决定自己想办法解决。

她首先想到报到时人力资源部发给她的《商场工作指引》。她想从中找到答案，思索出自己今后工作中需要注意的问题，进一步提高自己的工作能力。她想，运用《商场工作指引》，加上自己在学校所学的专业知识、网络知识，应该能够应付自如了吧。如果实在不行，再请教一下她的直接领导——服装部销售主管李阳，希望能够尽快适应自己的工作岗位，发挥所长。

于是，她来到李阳的办公室，说明来意后，李阳和张玲一起分析了服装销售这一工作的内容、特点、流程以及标准。

项目分析

根据李阳的分析，张玲把服装销售这一工作的主要内容归纳如下：

1. 销售前的准备工作

（1）认识服装

（2）清洁卖场及设备设施

（3）服装的搭配与陈列

（4）准备销售用具与辅助用品

2. 销售中的基本程序及技巧

（1）主动迎客

（2）鉴别顾客需求，鼓励顾客试穿

（3）与顾客交谈，处理顾客异议，推荐附加搭配

（4）成交、开票、送客

3. 销售后的客户维护

（1）维护 VIP 客户

（2）处理顾客投诉

（3）处理顾客退换货

项目要求

知识要求

① 能够描述服装面料的种类、特点、鉴别方法和保养方法。

② 能够描述营业场所、设备设施的清洁工作标准。

③ 能够描述销售用具和辅助用品的准备标准。

④ 能够描述 VIP 客户维护的步骤。

能力要求

① 能够鉴别服装的面料。

② 能够准备销售所需用具和辅助用品。

③ 能够根据不同体型、气质类型的顾客，运用色彩、个性搭配技巧进行服装搭配。

④ 能够根据销售过程中的模拟情景，提出应对措施。

⑤ 能够设计《顾客信息登记表》。

⑥ 能够根据模拟情景，提出解决客户投诉的方案。

⑦ 能够处理顾客退换货。

情感要求

① 培养学生踏实肯干、吃苦耐劳、乐于钻研的工作精神。

② 培养学生的亲和力、沟通能力和人际交往能力。

③ 培养学生的职场安全意识。

任务 1.1 销售前的准备工作

任务描述

张玲一刻也不想耽搁，她迫不及待地开始琢磨销售前的准备工作。于是，她按照服装部销售主管李阳的建议，根据《商场工作指引》的要求，找来了一些学习资料，打算从认识服装、清洁卖场及设备设施、服装的搭配与陈列技巧、销售用具与辅助用品的准备这四个方面进行销售前准备工作的学习。

任务要求

知识要求

① 能够描述服装面料的种类、特点、鉴别方法和保养方法。

② 能够描述营业场所、设备设施的清洁工作标准。

③ 能够描述销售用具和辅助用品的准备标准。

能力要求

① 能够鉴别服装的面料。

② 能够准备销售所需用具和辅助用品。

③ 能够根据不同体型、气质类型的顾客，运用色彩、个性搭配技巧进行服装搭配。

情感要求

① 培养学生踏实肯干、吃苦耐劳、乐于钻研的工作精神。

② 培养学生的职场安全意识。

任务分析

本次任务要完成认识服装面料的种类、特点、鉴别方法和保养方法，清洁卖场及设备设施，服装的搭配与陈列，销售用具与辅助用品的准备这四个方面的工作。

实施步骤

步骤一：知识准备

1．认识服装面料

服装是一种比较特殊的产品，其特点是品种、款式、颜色、面料、品牌等属性分类繁多，且变化快。服装主要是由款式、色彩和材料三要素组成的。其

中材料是最基本的要素。服装材料是指构成服装的一切材料，它可分为服装面料和服装辅料。服装面料是体现服装主体特征的材料。

常用服装面料与特点如下。

（1）棉

棉多用来制作时装、休闲装、内衣和衬衫。其优点为透气性好，吸湿性好，穿着舒适，色泽鲜艳，是实用性强的大众化面料。其主要缺点有弹性差，缩水率大，易褶皱，穿着时需要熨烫，容易生霉，如长时间与日光接触，纤维会变硬变脆，强度降低。

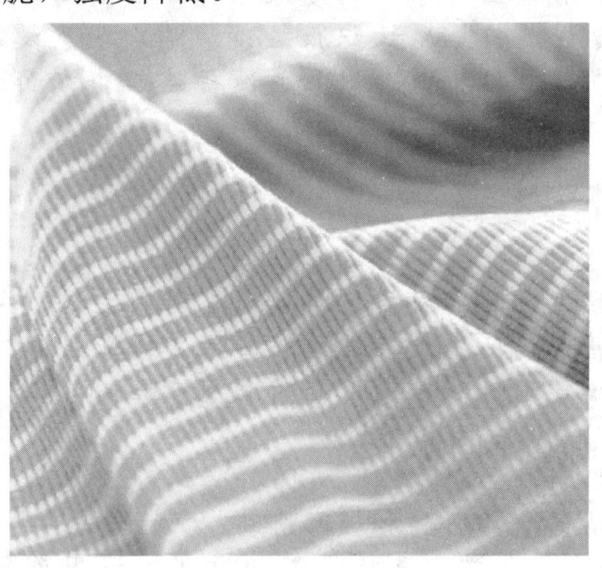

（2）麻

麻型织物的共同特点是凉爽舒适、吸湿性好，是理想的夏季服装面料，不易受潮发霉，色彩鲜艳，不易褪色。缺点是穿着不太舒适，外观较为粗糙、生硬。一般用于休闲装、工作装、普通夏装的制作。

（3）丝

丝是纺织品中的高档品种，主要指以桑蚕丝、人造丝、合成纤维丝为主要原料的织品。它具有薄轻、柔软、滑爽、高雅、华丽、舒适的优点。缺点是容易褶皱，不耐光，容易吸身，不够结实，褪色较快。可用于制作各种服装，特别是女士服装。

（4）毛料

毛料是以羊毛、兔毛、骆驼毛、毛型化纤为主要原料制成的织品，一般以羊毛为主，具有弹性好、抗皱、耐穿耐磨、保暖性强、舒适美观、色泽纯正等优点，深受消费者的欢迎。其缺点是容易缩水，洗涤困难，需要小心储存，否则容易被虫蛀，经常摩擦容易起球，耐热性差，不大适合制作夏装。

（5）化纤

化纤面料以牢度大、弹性好、耐磨耐洗、易保管收藏而受到人们的喜爱。化纤织物是由纯化学纤维纺织而成的面料。其特性由化学纤维本身的特性来决定。化学纤维可根据不同的需要，加工成一定的长度，并按不同的工艺织成仿丝、仿棉、仿麻、仿毛等织物。

（6）其他服装面料

① 针织服装面料：是由一根或若干根纱线连续地沿着纬向或经向弯曲成圈，并相互串套而成的。

② 裘皮：带有毛的皮革，一般用于冬季防寒靴、鞋的鞋里或鞋口装饰。

③ 皮革：各种经过加工的动物皮。

2．服装面料的鉴别方法

鉴别服装面料成分的简易方法是燃烧法，即在服装的缝边处抽下一缕包含经纱和纬纱的布纱，用火将其点燃，观察燃烧火焰的状态，嗅其气味，看燃烧后的剩余物，从而判断其面料与服装标签上标注的面料成分是否相符，以辨别面料成分的真伪。

几种常见面料燃烧时的特征一览表

面 料 名 称	燃烧时的特征
棉	靠近火焰，不缩也不熔化。接触火焰，迅速燃烧，火焰呈橘黄色，有蓝色烟。离开火焰，继续燃烧。灰末细软，呈浅灰色，手触易成粉末
麻	同上，灰烬少，浅灰色或灰白色，手触易成粉末
丝	靠近火焰，缩成团状。接触火焰，缓慢燃烧。离开火焰，自行熄灭。火焰呈橘黄色，并且很小。烧后结成黑褐色小球，手触易成粉末状
毛	接触火焰，冒烟燃烧，有气泡。离开火焰，继续燃烧。有时自行熄灭，火焰呈橘黄色。散发出烧头发时发出的焦臭味，烧后形成有光泽的不定形的黑色块状物，手触易成灰末状

3．不同服装的保养方法

（1）棉麻服装的保养

棉麻的吸湿性很好，在储存时主要防止其霉烂，也就是防止霉菌微生物的繁殖。主要方法是保持织品的洁净和干燥，特别是在夏季多雨时要注意检查和晾晒。

（2）毛织物服装的保养

毛料呢服以其美观大方的优点得到了人们的喜爱。但其表面粗糙，毛料易吸附灰尘。如果经常水洗，还会使呢服表面的羊毛脱落，而且费时费事。毛料呢服污渍处理方法如下。

首先，用干净的毛刷蘸上120号汽油，将油迹擦拭干净；然后悬挂，用小木棍抽打，边抽打边用刷子将灰尘扫去。如此重复多次，直到尘灰基本洗净为止。

然后，打一盆温水，找一块干净的毛巾放在水中浸透（作为水布用）。将衣服平铺在案板上，将毛巾捞出，攥一会儿即可铺在衣服上，用熨斗在毛巾上来回熨烫，使衣服上的尘灰不断地被毛巾沾去。烫干的毛巾要随时在水中漂净再用，照此程序“干洗”，洗净一处，再“干洗”另一处，直到整件衣服都被洗干净为止。

知识拓展

在熨烫时需要注意以下几点：

① 熨斗的温度可适当高些，呢服上较脏的部位可多熨几遍，但不要直接接触呢料，以免起亮光。

② 毛巾应不断在水中漂洗干净，水盆中的温水也要不断更新。

③ 呢服“干洗”后，可用衣架挂起来，待水分充分晾干后再穿用。毛料呢服易潮湿生霉。因羊毛中含有油脂和蛋白质，还易被虫蛀、鼠咬。

④ 在熨烫时，特别要注意用电安全，同时要调好温度，准确操作，避免损坏衣服和烫伤手。

在保管中应注意以下几点：

① 最好不要折叠，应挂在衣架上存放在箱柜里，以免穿着时出现褶皱。

② 存放服装的箱柜要保持清洁、干燥，温度最好保持在 25℃以下，相对湿度在 60%以下为宜。同时要放入樟脑球，以免受潮生霉或生虫。存放的服装要遮光，避免阳光直射，以防褪色。

③ 应经常拿出晾晒（不要暴晒），拍打尘灰，去除潮湿。晾晒过后要等凉透再放入箱柜。

④ 穿过的服装因换季而需要储存时，要洗干净，以免因汗渍、尘灰导致发霉或生虫。

（3）丝绸服装的保养

保养好丝绸类服装的基础是精心穿用。丝绸的强度较高，加上蚕丝外面有丝胶保护，所以耐磨性较好。但因丝绸的纤维过细，应忌硬伤，凡与粗糙带毛刺的物质接触，往往会使丝绸“跳丝”而造成损伤。另外，也不要穿着丝绸服装在席子、藤椅、木板等粗糙物上睡觉，以免造成不必要的破损。

碱对丝绸的破坏力较大，穿丝绸夏装一定要避免与含碱的物质接触。同时，丝绸受盐水的影响也比较大。人体汗水中的盐分可使浅色丝绸的夏装泛黄赤色的斑点，所以穿丝绸夏装应注意经常洗涤，保持其表面的清洁。

洗涤丝绸夏装最好选用中性皂片或高档洗涤剂。可用热水先溶化皂液，放凉后将丝绸夏装浸透，用手大把搓揉（注意不能用搓板搓，更要避免拧绞）。应将皂液洗净，否则易发花。洗涤深色丝绸的夏装只能在净水中反复投漂，不能使用皂片及其他洗涤剂，以免出现皂渍、泛白现象。

洗涤颜色鲜艳的丝绸夏装时，为避免掉色，可放少许盐。因丝绸在阳光的紫外线作用下易脆化，加之丝绸的色泽牢度较差，故洗完不能置于阳光下暴晒，应挂在通风处阴干。

丝绸夏装在晾到八成干时，以白布覆盖衣面，用熨斗熨烫，温度不可高于 130℃，否则丝绸会受损伤。熨烫时不必喷水，以免出现水渍痕。

蚕丝具有较强的吸湿性，当环境比较潮湿时，一些霉菌和细菌容易在织物上生长繁殖。收藏时，首先应把衣服洗净，最好熨烫一遍，可以起到杀菌灭虫的作用。衣柜衣箱要保持清洁、干燥。

丝绸衣服质地较薄、柔软、怕压，可放到衣服堆的上面，浅色的丝绸衣服最好用细白布包存放。丝绸类服装中不宜放卫生球，否则白色会泛黄。

步骤二：营业准备

1．清洁卖场及设备设施

（1）卖场的清洁范围

清洁店面内外的地面、墙壁、通道、货架、展示柜、橱窗、模特、试衣间等。

（2）清洁标准

① 售货现场区域内无垃圾、无灰渍、无尘土、无杂物、无死角。

② 门窗、玻璃、广告牌、试衣间的门、镜子、凳子、货柜、橱窗等擦拭明亮。

③ 保持售货区域空气流通，定时通风换气，保持卖场良好的通风环境。

④ 保持通道宽敞，不堵塞，且保持各宣传广告清洁、醒目、整齐。

⑤ 特别注意要把地面上的污水处理干净，避免顾客摔倒。

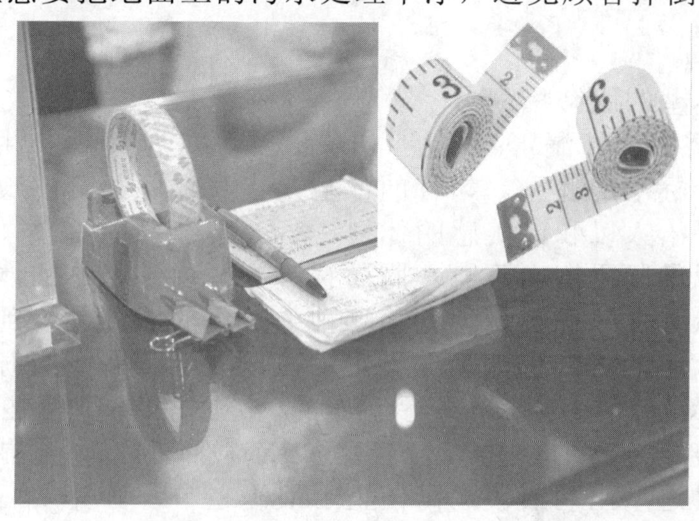

2．销售用具与辅助用品的准备

（1）服装销售人员需要准备的销售用具和辅助用品

服装销售人员需要准备的销售用具和辅助用品有软尺、穿衣镜、销售小票、复写纸、笔、本子、计算器、胶水、剪刀、海报、宣传画册、手袋等。

（2）服装销售人员销售用具和辅助用品的准备标准

① 所需销售用具和辅助用品应准备齐全。

② 所需销售用具和辅助用品应放在适当的位置，遵照方便使用的原则。

③ 所需销售用具和辅助用品应放在固定的位置，用完后要放回原处，不能影响正常使用。

④ 保证所准备的销售用具和辅助用品清洁、卫生、干净。

步骤三：服装的搭配

服装搭配的形式多种多样，常见的有体型搭配、颜色搭配、个性搭配等几种。

1．体型搭配

（1）X 型体型的服饰搭配

X 型体型俗称“沙漏形”，又叫匀称的体型。尤其对女性来说，这是经典的、理想的、标准的体型。匀称的体型是指身体各部分的长短、粗细合乎一定的比例，易给人以和谐美感的体型。

其特征是以细腰平衡上下身，胸与臀等宽。由于匀称的体型是标准的体型，故这样的人体曲线优美，无论穿哪种款、色的服饰都恰到好处。即使穿上最时新、最大胆的时装也能显得不出格，世界上那些高级时装设计师就是以这种体型的人为假想对象来进行创作的，这样的体型往往具有浪漫、活泼、高雅的风度。X 型体型的人，若穿着 X 款的服饰，会显得高贵典雅、仪态万千。这种造型生动活泼，寓庄重于浪漫之中，备受人们的喜爱。

（2）V 型体型的服饰搭配

对于男士来说，V 型体型是最标准、最健美的体型。这种倒三角形的着装，可充分地显示男士的潇洒、健美风度。然而，V 型体型对于女性来说，并不是一种优美的体型。虽然这是一种女性感特别强的体型，但这种体型肩部宽，胸部大、过于丰满，会使人显得矮，使臀部与大腿相形见瘦，上身有一种沉重感。所以大多数这种体型的女性都不太满意自己的形象，总希望通过着装来改变现状，使自己显得高一些、轻盈一些。为此，选择服饰时，上衣最好用暗灰色调或冷色调，使上身在视觉上显得小些，也可以利用饰物色彩强调来表现腰、臀和腿，避免别人的注意力集中到上部。上衣不宜选择艳色、暖色或亮色，也不宜选择前胸部有绣花、贴袋之类的色彩装饰。

（3）A 型体型的服饰搭配

A 型体型俗称“梨子形”。一般是小胸或胸部较平或乳部较上，窄肩，腰部较细，有的腹部突出，臀部过于丰满，大腿粗壮，下身重量相对集中，这样在整体上使下部显得沉重。这种体型如果要发胖，其重量将大部分集中于臀部和大腿。为此，服饰色彩的选用原则与 V 型体型的人大致相反。可采用较强烈的细节色彩，将人们的视线引向腰以上的部位，使人显得苗条。下身可选用线条柔和、质地厚薄均匀、色彩纯实偏深的长裙，上下身服饰色彩反差不宜过小，并可扎上一条窄的皮带，这样就能避免别人视线下引，造成视觉体型上匀称的效果；或者下裙用较暗、单一色调（如深蓝色裙子），配以色彩明亮、鲜艳且有膨胀感的上衣（如浅粉色上衣），就能达到收缩臀部而扩大胸部的视觉效果，在领线处可挂大饰物以转移视线，就会显得体型优美丰满。

（4）H型体型的服饰搭配

H型体型的特征是上下一般粗，腰身线条起伏不明显，整体上缺少“三围”的曲线变化。着装可以通过颈围、臀部和下摆线上的色彩细节来转移对腰线的注意。同时，也可采用色彩对比较强的直向条纹的连衣裙，再加一根深色宽皮带，由对比强烈的直向线条造成的视觉差与深色的宽皮带造成的凝聚感，能消除没有腰身的感觉，从而给人以洒脱轻盈之感。在H型体型的人中，肥胖型的人胸围、腰围、臀围等横向宽度都较大，因而服饰长度也必须相应地增加。全身细长的服饰色彩能改变肥胖笨拙的视觉体态，给人以丰满、成熟、洒脱的印象。尤其不宜在腰线处使用跳跃、强烈的色彩，以减少对腰部的注意。

（5）肥胖体型的服装搭配

肥胖体型不宜穿色彩太艳丽或大花纹、横纹等服饰，这样会导致体型向横宽错视觉方面发展。肥胖体型的人适宜穿用深色、冷色小花纹，直线纹服饰以显清瘦一些。色彩上忌上身色深、下身色浅，这样会增加人体不稳定感。冬天，不宜穿浅色外衣；夏天，不宜穿暖色、艳色或颜色太浅的裤子，因为它会使胖人显得更胖。款式上切忌繁复，要力求简洁明了。过厚的面料还会使人显得更胖，而过薄的布料也易暴露出肥胖的体型。

（6）高瘦体型的服装搭配

高瘦体型宜穿浅色横纹或大方格、圆圈等的服饰，以错视觉来增加体型的横宽感。同时可选用红、橙、黄等暖色的服饰加以搭配，使人看上去或健壮一些，或丰满一些，或更匀称一些。不宜选择单一性冷色、暗色的服饰。

（7）较矮体型的服装搭配

体型较矮的人，尽量少穿或不穿色彩过重或纯黑色的服饰，以免在视觉上造成缩小感。不要穿那些鲜艳大花图案、宽格或宽条的服饰，应该挑选素净一点的颜色和长条纹服饰。体型较矮的人，在色彩搭配上要掌握两个基本要领：一是服饰色调以温和者为佳，极深色与极浅色都不好；二是上装的颜色要相近，搭配属同一色系，反差太大、对比强烈都不好。此外，个子较矮的人若配上亮度大的鞋、帽，反而显得更矮。这是因为两头扩大、中间收缩的缘故。如果身着灰色服饰，配上一顶亮度大的帽子，可显得高一些。

2．颜色搭配

合理而和谐的色彩组合，常常能带来令人耳目一新的视觉效果。一般来说，颜色有深浅、冷暖之分，深色显得安定、沉着，浅色显得文雅、大方；冷色显得沉静、庄重，暖色显得热烈、奔放。

服装颜色搭配，一般可以采用以下方法。

（1）同类色相配

采用颜色相近或相同的服装进行搭配，这是一种最简便、最基本的配色方法。同类色进行搭配时，最好以深、中、浅三个层次进行搭配，少于三个层次显得过于单调，多于三个层次又易产生烦琐、散漫的效果。

（2）相近色相配

相近色服装搭配的变化比较多，容易获得协调统一的整体效果，显得比较柔和、有女人味。

（3）强烈色彩搭配

强烈色彩搭配是指两种反差较大的颜色进行搭配，这种搭配方式给人的感觉比较强烈，会让人有良好的感觉。

（4）补色配合

补色配合是指两种相对的颜色进行搭配，如红色与绿色、黑色与白色。补色相配可形成鲜明的对比，有时会收到良好的效果。

3．个性搭配

要使打扮富有个性，应该注意两个问题，一是不要盲目赶时髦，最时髦的服装往往是没有生命力的，更新会比较快。二是要注意穿出符合自己个性的服装，不同的人由于年龄、性格、职业和文化素养的不同，自然也有不同的气质，服装的选择最重要的是要符合自己的个性和气质的要求。以女装为例，个性搭配有淑女型、时尚前卫型和帅气中性型。

学生工作指引

任务 1.1　销售前的准备工作

班级：　　　　组别：　　　　姓名：　　　　指导教师：　　　　项目课时：

工作任务	销售前的准备工作
任务内容	认识服装面料 清洁卖场及设备设施 服装搭配 销售用具与辅助用品的准备
工作过程	步骤一：认识服装面料 ① 学生每人带一块服装面料，并确定自己所带的服装面料的材质，同时收集这种服装面料的特点和鉴别方法 ② 学生组内交换面料，相互判断服装面料的种类，描述该服装面料的特点和鉴别方法 ③ 学生互评 步骤二：描述各种服装面料的保养方法 步骤三：描述服装销售卖场的范围和标准 步骤四：服装搭配 ① 教师展示模特照片，请学生判断该模特的体型，并提出根据体型搭配服装的建议 ② 描述该模特的气质类型，适合穿什么个性类型的服装 ③ 教师展示模特照片，学生判断该模特身上的衣服在色彩搭配上属于哪种类型的搭配，并为模特提供适合的服饰搭配（主要从色彩搭配上）

效果评价

任务 1.1 销售前的准备工作

班级： 组别： 姓名： 指导教师： 项目课时：

工作任务	工作过程	成绩评定
职业素养	按时出勤，课堂表现好（10 分）	
	仪容仪表符合职业规范（5 分）	
	具备良好的团队合作精神（5 分）	
步骤一	认识服装面料（20 分） 你所带的服装面料是： 它的特点是： 它的鉴别方法是： 你抽到的服装面料是： 你的鉴别方法是： 它的特点是：	
步骤二	描述各种服装面料的保养方法（10 分）	
步骤三	描述服装卖场的清洁范围和标准（10 分）	
步骤四	服装的搭配（40 分） 该模特的体型特点是： 根据他/她的体型特点，在服装搭配上你有什么建议： 该模特适合穿哪种类型的衣服： 请判断老师展示的模特的服装色彩搭配属于哪种类型的搭配： 对于该模特在服饰色彩搭配上，你有什么建议：	

续表

工作任务	工作过程	成绩评定
学习体会	1．完成工作任务后你有什么收获？ 2．在完成工作任务的过程中，你遇到了哪些问题？有什么建议？	
成绩评定	指导教师签字： 年 月 日	总分

任务 1.2 销售中的基本程序及技巧

任务描述

销售前的准备工作完成后，张玲就要接待顾客了。她暗暗想到，销售人员的一招一式、一言一行都关系到店面的品牌形象，自己可不能马虎对待，一定要用自己的礼貌素质、服务标准给顾客留下良好的印象。

任务要求

知识要求

能够描述服装销售的基本程序。

能力要求

① 能够主动迎接顾客，做到动作标准，语言亲切、自然。

② 能够完整地进行顾客接待，并根据销售过程中的模拟情景，提出应对方案。

情感要求

① 培养学生踏实肯干、吃苦耐劳、乐于钻研的工作精神。

② 培养学生的亲和力和人际交往沟通能力。

任务分析

张玲按照服装部销售主管李阳的建议，根据《商场工作指引》的要求，将销售过程中的接待程序分为以下几个步骤，逐一进行:

1. 主动迎客
2. 鉴别顾客需求，鼓励顾客试穿
3. 与顾客交谈，处理顾客异议，推荐附加搭配
4. 成交、开票、送客

实施步骤

步骤一：主动迎客

1．标准迎宾动作

① 八字步：双脚八字分开，两手自然交叉放于腹前。

② 丁字步：主要适合于女性销售人员，双脚丁字站立，双手自然交叉，稍微上提，放于腹前。

③ 面带微笑，语气平和，吐字清晰。

2．问候客户的最佳时机

① 顾客入店时。

② 顾客视线与销售人员视线相遇时。

③ 顾客从销售人员身边走过时。

3．统一迎宾语

结合品牌服装服务的特性，迎宾语的统一更能体现品牌服务的价值。目前很多专柜的销售人员在顾客进店时，都会很热情地说“欢迎光临”；在顾客走出店面时，都会很热情地送客说“请慢走”、“欢迎下次光临”。遗憾的是，顾客在店里逛了一圈，也不知道店名。因此，迎宾语言的统一很有必要，而且有一定讲究。一般最简单的迎宾语，就是“欢迎光临某某品牌”。

4．向顾客介绍商品的最佳时机

① 顾客长时间注视某一商品时。

② 顾客用手触摸某一商品时。

③ 顾客表现出在寻找商品时。

④ 顾客驻足观看时。

⑤ 顾客抬起头时。

步骤二：鉴别顾客需求，鼓励顾客试穿

营业员可以通过与顾客交谈，了解顾客真正需要的是什么，同时判断顾客的性格、消费习惯、购买能力等。然后，营业员可以在头脑里对顾客进行迅速分类，并有针对性地提供服务。

1．了解顾客的一般步骤

① 留心观察。

② 判断顾客的需要。

③ 与顾客保持沟通，通过语言交流，了解顾客详细信息。

④ 找出适合顾客的商品，并进行推介。

2．接近顾客的方法

（1）提问接近法

您好，有什么可以帮您的吗？

这件衣服很适合您！

请问您穿多大号的？

您的眼光真好，这是我公司最新上市的产品。

（2）介绍接近法

看到顾客对某件商品感兴趣时，营业员可上前介绍产品，具体可以从以下几个方面进行产品介绍：

- 特性（品牌、款式、面料、颜色）；
- 优点（大方、庄重、时尚）；
- 好处（舒适、吸汗、凉爽）。

（3）赞美接近法

对顾客的外表、气质等进行赞美，接近顾客。例如：

您的包很特别，在哪里买的？

您今天真精神。

小朋友，长得好可爱！（带小孩的顾客）

良言一句三春暖。好话人们永远爱听。通常来说，如果赞美得当，顾客一般都会表示友好，并乐意与你交流。

（4）示范接近法

利用产品示范展示产品的功效，并结合一定的语言介绍，帮助顾客了解产品，认识产品。最好的示范就是让顾客来试穿。有数据表明，68%的顾客试穿后会成交。

3．让顾客试穿的服务标准

① 主动为顾客解开试穿服饰的扣子、拉链、鞋子等。

② 引导顾客到试衣间外静候。

③ 顾客走出试衣间时，为其整理。

④ 评价试穿效果要诚恳，可略带赞美之辞。

步骤三：与顾客交谈，处理顾客异议，推荐附加搭配

1. 面对不同类型顾客的交谈技巧

（1）沉默寡言、优柔寡断型

此类顾客数量较多，表现为话少，不愿意被打搅，面无表情。他们自己做决定的能力很小，常有顾虑、不安，害怕考虑不周而出现差错。此类顾客最反感的是强卖，讨厌过分的、不切实际的赞美。

应对策略：接近这类顾客，提出的问题一定要让顾客可以回答，不能让顾客有压迫感。此外，不要把话题局限在商品上，可以问一些闲话，如“您今天休息吗”，缓解气氛，为顾客营造轻松、自如的购物环境。

（2）亲切和蔼型

此类顾客比较容易接近，表现为语言较多，态度和蔼，善于交谈，容易沟通。

应对策略：这类顾客交谈起来比较容易，谈话氛围也较为轻松，销售人员可从顾客浏览商品到产生兴趣阶段，随时亲切地交谈，同时可对关联商品进行介绍。

（3）多疑、好辩型

此类顾客表现为多疑、好辩，语言尖刻，不愿意受人支配。

应对策略：接待这类顾客一定要注意礼貌、热情，向顾客介绍商品时，要用肯定、自信的语气进行介绍，如“这种面料的优点是……”，“您说得对，但是……”。

（4）容易冲动型

此类顾客会很快做决定，急躁、没有耐心，但善变，即使洽谈好了，也易于突然停止购买。这类顾客购买商品后，容易后悔。

应对策略：销售人员要迅速接近顾客，避免过多的推销，避免闲话太多，介绍商品时，要说重点的、关键的地方，可以用富有刺激性的语言打动顾客。

（5）顺从型

此类顾客在挑选商品时，动作缓慢，挑来挑去，犹豫不决。

应对策略：对待这类顾客销售人员一定要有耐心，周到地帮助顾客进行挑选，并加以解释，以促使顾客做出购买的决定。

2. 处理顾客异议

（1）处理顾客异议的原则

选择恰当的时机，忌与顾客争辩，要给顾客留面子。

（2）处理顾客异议的方法

① 转折处理法。

应用这种方法首先可以承认顾客的看法有一定的道理，也就是向顾客做

出一些让步，然后再说出自己的看法。在使用的过程中，应尽量少使用“但是”一词，而实际交谈中却包含着“但是”的意见，这样效果会更好一些。使用这种方法，要注意保持良好的交谈气氛，为自己的谈话留一定的余地。

② 转化处理法。

利用顾客的反对意见来处理，即将顾客的反对意见，转化为肯定意见。使用这种方法一定要讲究礼仪，不能伤害顾客的感情。

③ 以优补劣法。

肯定客户提出的有关缺点，然后淡化，利用服装的其他优点来补偿或抵消这些缺点，这样有利于使顾客的心理达到一定程度的平衡，不伤害彼此的感情，营造良好的交谈氛围。

④ 委婉处理法。

如果销售人员没有想好如何答复顾客的反对意见，可以先用委婉的语气把顾客的反对意见重复一遍，或者把自己的话复述一遍，这样可以削弱顾客的气势。

（5）合并意见处理法。

把顾客的集中意见汇总成一个意见，或者把顾客的意见集中到一块进行处理。这样可以削弱这些反对意见对顾客的影响。运用这种方法切记不要在同一个反对意见上纠缠。

（6）反驳处理法。

直接否定顾客的反对意见，这种方法从理论上来说应该少用。因为直接否定顾客意见，可能会激发双方的矛盾。但如果是基于顾客对产品品牌的误解，可以直言不讳。但是一定要注意态度要温和、友好，可以尝试引用经典案例来取得顾客对产品的信心。

⑦ 冷处理法。

对于一些不影响成交的意见，销售人员可以选择不予理睬。千万不要任何问题只要顾客有意见就反驳。

3．推荐附加搭配

推荐附加搭配可以提高销售人员的销售业绩，也可以培养顾客对品牌的忠诚度，同时可以使顾客的服饰有完整的搭配，为顾客节省购买和搭配服装的时间。因此，对于服装销售人员来讲，为顾客推荐附加搭配是必不可少的环节，同时也可以看出一个服装销售人员的专业程度。

（1）推荐附加搭配的时机

为顾客推荐附加搭配的最佳时机是顾客试衣期间或促成交易但顾客还未付款时。

（2）推荐附加搭配的方式

推荐附加搭配时，销售人员可以得体地向顾客展示配饰组合，让顾客看到客观的效果。在付款时，可以对客户说“如果某某饰品搭配起来，效果会更好”；此外，销售人员还可以主动搭配，为顾客做一些示范。

步骤四：成交、开票、送客

1．促成成交的方法

（1）从众成交法

利用顾客的从众心理，促使顾客立即购买。

（2）激将成交法

爱虚荣、讲气派的顾客才是店面真正的“财神”，采用激将的方式促使顾客购买。在使用激将法时，可能会导致顾客的不满，一定要慎用。

（3）过时不候法

告诉顾客如果现在不买，以后可能就没有这个款式或折扣了。

（4）喜新厌旧法

喜新厌旧几乎是所有女人对待服装的态度，销售人员可以抓住顾客的这个心理特点，引导顾客购买新款式的商品。

（5）意向引导成交法

通过一些语言进行催化，促使交易完成。

2. 开票

成交后，销售人员需要为顾客开具销售小票。

3. 送客

送客为顾客服务的最后环节，往往要先送客，再接待随后入店的顾客。送客时，销售人员应：

① 帮助顾客把商品放入袋中，并提醒顾客不要遗忘其他物品。

② 将商品交给顾客时，要真诚道谢，并将顾客送到门口，同时说“欢迎再次光临某某服装店”。

学生工作指引

任务1.2 销售中的基本程序及技巧

班级： 组别： 姓名： 指导教师： 项目课时：

工作任务	销售中的基本程序及技巧
任务内容	1. 主动迎客 2. 鉴别顾客需求，鼓励顾客试穿 3. 与顾客交谈，处理顾客异议，推荐附加搭配 4. 成交、开票、送客
工作过程	1. 主动迎客 ① 展示八字步和丁字步迎宾动作 ② 展示迎宾标准问候语 2. 鉴别顾客需求，鼓励顾客试穿 ① 描述接近顾客的方法 ② 判断教师给出的模拟情景属于哪种接近顾客的方法 ③ 描述鼓励顾客试穿时应该注意的问题有哪些 3. 与顾客交谈，处理顾客异议，推荐附加搭配 ① 分析教师给出的模拟情景，提出处理顾客异议的应对措施 ② 描述向顾客推荐附加搭配的时机和方式 4. 成交、开票、送客 ① 分析教师给出的模拟情景，判断促进成交的方法 ② 正确填写销售小票 5. 综合实训 教师给出模拟情景，学生根据模拟情景编写销售人员与顾客之间的对话过程，要体现任务中提到的知识和技能要点，并要求分组进行展示

效果评价

任务 1.2　销售中的基本程序及技巧

班级：　　　　　组别：　　　　　姓名：　　　　　指导教师：　　　　　项目课时：

工作任务	工作过程	成绩评定
职业素养	按时出勤，课堂表现好（10 分）	
	仪容仪表符合职业规范（5 分）	
	具备良好的团队合作精神（5 分）	
步骤一	主动迎客（10 分） ① 展示八字步和丁字步迎宾动作 ② 展示迎宾标准问候语	
步骤二	鉴别顾客需求，鼓励顾客试穿（15 分） ① 接近顾客的方法有： ② 教师给出的模拟情景属于哪种接近顾客的方法： ③ 鼓励顾客试穿时应该注意的问题有：	
步骤三	与顾客交谈，处理顾客异议，推荐附加搭配（15 分） ① 根据教师给出的模拟情景，提出处理顾客异议的应对措施是： ② 向顾客推荐附加搭配的时机和方式：	
步骤四	成交、开票、送客（10 分） ① 根据教师给出的模拟情景，判断促进成交的方法是： ② 填写销售小票	

续表

工作任务	工作过程	成绩评定
步骤五	综合实训（30 分） 教师给出模拟情景，学生根据模拟情景编写销售人员与顾客之间的对话过程，要体现任务中提到的知识和技能要点，并要求分组进行展示	
学习体会	1．完成工作任务后你有什么收获？ 2．在完成工作任务的过程中，你遇到了哪些问题？有什么建议？	
成绩评定	指导教师签字： 年 月 日	总分

任务 1.3 销售后的客户维护

任务描述

张玲在商场工作已经一个月了，她对商场的工作流程、接待顾客的服务标准、服装的销售技巧已颇有体会了。由于她工作突出，且勤奋好学，她得到了主管李阳的信任。李阳布置给张玲一项附加工作——负责店面的客户售后维护工作。张玲很高兴，但这对入行不久的她来讲，却又是一项非常有挑战性的工作。

任务要求

知识要求

① 能够描述维护 VIP 客户的步骤。
② 能够描述处理客户投诉的服务标准和步骤。
③ 能够描述处理顾客退换货的标准。

能力要求

① 能够设计《VIP 客户信息登记表》。
② 能够根据模拟情景，提出解决客户投诉的方案。
③ 能够根据顾客的情况，判断是否应该处理该顾客退换货要求。

情感要求

培养学生的亲和力和人际交往沟通能力。

任务分析

于是，张玲找到主管李阳进行了沟通。李阳告诉张玲，对顾客的售后维护工作可以从以下三个方面进行，具体的要求和技巧需要她自己去摸索。

1. 维护 VIP 客户
2. 处理顾客投诉
3. 处理顾客退换货

实施步骤

步骤一：维护 VIP 客户

1．收集顾客信息

收集顾客信息，包括顾客的姓名、年龄、性别、出生年月、联系电话、文化程度、职业、家庭成员、兴趣爱好、在本店的购买记录等。

2．建档

将收集到的顾客资料进行归档，最好能建立一个计算机信息系统，存储顾客的信息，方便随时翻阅。

3．保持联络

可以在顾客及其家人生日之际、重大节日或店面促销前期给顾客打电话，或者邮寄贺卡等。这样可以增强顾客对销售人员的印象。

4．发掘顾客的价值

许多店铺与客户完成一次交易后，通常就很少联系了。这种做法是非常不可取的，唯有随时关心顾客，将顾客作为自己的朋友或伙伴，双方才能维持良好的感情。在销售管理过程中，需要用真情去激活和留住顾客。对于任何一个服装店铺而言，应从顾客的维护和管理中去发现其潜在价值。

步骤二：处理顾客投诉

对于销售而言，投诉是无法避免的。再好的服务，也不可能让每一位顾客都满意。在服装店铺中，处理顾客投诉，是营业人员一项非常重要的任务。

营业人员处理顾客投诉的服务标准如下。

① 给顾客说话的权利。虽然并非所有的投诉都是正确的，也并非所有的投诉都一定是店铺或服务人员的不对，但是，作为服务业的从业人员，我们应该明白，得罪顾客是非常不明智的选择。因此，遇到顾客投诉时，我们一定要给顾客说话的权利，让顾客说出自己的真实想法后，再逐一进行解决。

② 弄明白顾客想得到什么。其实并非每一位到店进行投诉的顾客都想要得到赔偿。有的顾客可能只是想要得到营业员的重视，或者想要倾诉。在做出任何投诉处理意见前，都应该了解顾客投诉的真实用意。

③ 分清责任。根据顾客的描述，分清顾客所提出问题的责任部门或责任人，而且要及时将顾客所反映的问题报告给相关责任部门。

④ 考虑赔偿。尽可能地采用各种方式，最大限度地减少对顾客的伤害。其实并非所有的投诉都需要用金钱来解决，只有因为服务的失误而使顾客人身或财产受到损害时，才需要用金钱来提供补偿。在许多情况下，顾客可能仅仅是想要得到道歉或承诺。

客户投诉处理五部曲：

认真聆听——做好记录，了解要点。

认同感受——顾客不是冲你发火，通过载体发泄。

立即响应——速度是关键，是态度。

持续反馈——哪怕事情没什么进展也要反馈。

超越期望——“善终”比“善始”更重要。

步骤三：处理顾客退换货

1. 顾客要求退换的服装同时符合以下条件时，无异议退货

① 服装出现质量问题。

② 服装及其包装没有任何损坏，并且保持出售时的原样。

③ 原始销售凭证齐全。

2. 出现以下情况，营业人员可以拒绝退换货

① 非本店出售的服装。

② 服装本身不存在质量问题，而且已经穿过。

③ 因非正常保管而导致出现质量问题的。

④ 超过退换货期限的。

⑤ 退换货物不全或受损严重，影响第二次销售的。

⑥ 顾客的销售凭证丢失，又无法证明是本店出售的。

学生工作指引

任务 1.3 销售后的客户维护

班级： 组别： 姓名： 指导教师： 项目课时：

工作任务	销售后的客户维护
任务内容	1. 维护 VIP 客户 2. 处理顾客投诉 3. 处理顾客退换货

续表

工作任务	销售后的客户维护
工作过程	1. 维护 VIP 客户 设计一份《VIP 顾客登记基本信息表》 2. 根据教师提供的顾客投诉信息，提出应对措施 3. 根据教师提供的退换货情况，予以退换货处理 4. 综合实训 ① 根据教师提供的客户投诉信息，编写营业员与顾客的对话 ② 根据教师提供的顾客退换货情况，编写营业员与顾客的对话 ③ 分组表演展示以上两组对话

效果评价

任务 1.3　销售后的客户维护

班级：　　组别：　　姓名：　　指导教师：　　项目课时：

工作任务	工作过程	成绩评定
职业素养	按时出勤，课堂表现好（10 分）	
	仪容仪表符合职业规范（5 分）	
	具备良好的团队合作精神（5 分）	
步骤一	维护 VIP 客户（20 分） 设计一份《VIP 顾客登记基本信息表》	
步骤二	根据教师提供的顾客投诉信息，你的应对措施是（10 分）：	
步骤三	根据教师提供的退换货情况，你的处理意见是（10 分）：	
步骤四	综合实训（40 分） ① 根据教师提供的客户投诉信息，编写营业员与顾客的对话（10 分）	
	② 根据教师提供的顾客退换货情况，编写营业员与顾客的对话（10 分）	
	③ 分组表演展示以上两组对话（20 分）	

续表

工作任务	工作过程	成绩评定
学习体会	1．完成工作任务后你有什么收获？ 2．在完成工作任务的过程中，你遇到了哪些问题？有什么建议？	
成绩评定	指导教师签字： 年　月　日	总分

项目2

食品销售

项目背景

中职学生张玲来到校园超市进行轮岗制实训。初到工作岗位，她很迷茫，不知道该如何开展工作。她找来了超市的工作指引，进行学习。

项目分析

张玲被分配到食品销售区域进行实训，了解食品销售的各个步骤。在实训期间张玲要学会：食品的分类、食品质量鉴别、食品陈列、食品售卖、处理顾客异议和处理客户投诉。

1. 销售前的准备工作

（1）食品的分类

（2）食品质量鉴别

（3）食品陈列

2. 销售中的基本程序及技巧

（1）鉴别顾客需求

（2）与顾客交谈，处理顾客异议

3. 销售后的客户维护

项目要求

知识要求

能描述食品的种类，能理解食品质量鉴别的方法、食品陈列方法和FABE销售模式。

能力要求

能进行商品分类和商品质量鉴别，能按要求进行商品陈列，能处理顾客异议和顾客投诉。

任务 2.1 销售前的准备工作

任务描述

张玲来到超市食品销售区域，阅读了超市的规章制度及员工要求，明确了自己的工作任务。她从最基本的食品销售的准备工作开始学习食品销售，了解食品类别，进行商品分类，了解不同食品类别的鉴别方法，学习按照食品陈列的要求进行不同种类食品的陈列。

任务要求

知识要求

① 能了解食品类别。

② 能描述不同食品类别的鉴别方法。

能力要求

① 能进行商品分类。

② 能进行商品质量鉴别。

③ 能够按照食品陈列的要求进行不同种类食品的陈列。

任务分析

能够完成食品销售前，食品分类、食品质量鉴别、食品陈列的任务。

实施步骤

步骤一：了解食品类别，对食品进行分类

将以下图片所示的食品归为六大类型，并在食品分类表中填上相应食品的序号。

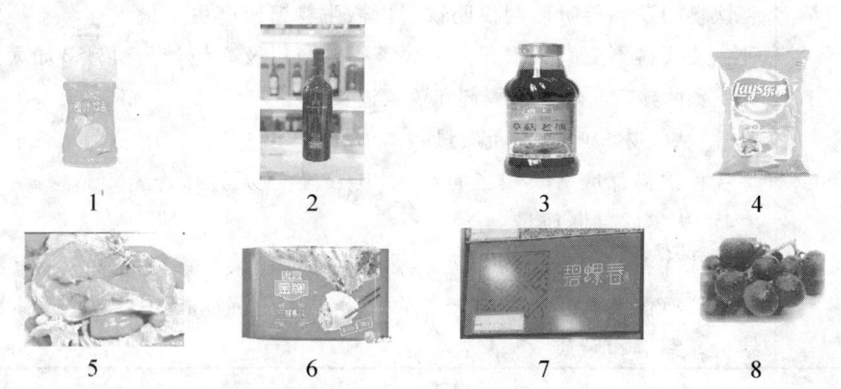

9　10　11　12

13　14　15　16

食品分类表

酒水、饮料	酱油、食醋	冷冻、休闲食品	乳制品	保健品	生鲜食品

步骤二：了解常见的食品类别与鉴别方法

常见食品类别与鉴别方法

<table>
<tr><td rowspan="2">常见的食品分类</td><td rowspan="2">饮料</td><td>常见类型</td><td>1．含酒精饮料，属于发酵饮料
2．无酒精饮料，含清凉饮料、软饮料
3．乳性饮料</td></tr>
<tr><td>鉴别方法</td><td>1．从标签内容判断质量
饮料产品标签上应注明品名、生产日期、保质期、主要原料辅料和生产厂名、厂址。
2．从外观上判断质量
果味型汽水不应出现絮状物；塑料瓶装与易拉罐汽水手捏不软，不变形；罐装饮料如发现胖听，则说明饮料内微生物繁殖产生大量气体，不适宜饮用；各种包装饮料不应有渗漏现象；果茶类饮料以及其他一些饮料，如太黏稠、太鲜红或颜色异常，表明增稠剂和色素过量
3．从气味和味道判断质量
各种饮料都应有其相应的香气和味道，应无异味、无刺鼻感
4．从实质判断质量
果味饮料应清澈透明，无杂质，不浑浊；果汁饮料因加入苹果汁和乳浊香精，会有浑浊，但应均匀一致，不分层，无沉淀和漂浮物；固体饮料不应有结块、潮解和杂质</td></tr>
</table>

续表

<table>
<tr><td rowspan="3">常见的食品分类</td><td rowspan="2">酒水</td><td>常见类型</td><td>1．白酒
2．啤酒
3．葡萄酒
4．黄酒
5．果酒
6．配制酒</td></tr>
<tr><td>鉴别方法</td><td>1．啤酒的鉴别方法
透明度：酒液透明，无悬浮物
气味与口感：有酒花的香气和爽口苦味。如果有明显的酸味、馊味、铁腥味、老熟味、浓重甜味及其他异味，则为不合格产品
泡沫：有密集泡沫产生，细腻洁白，消失缓慢。如果倒入杯中后，泡沫消散很快，泡沫粗黄、不挂杯，则为不合格产品
2．葡萄酒的鉴别方法
色泽：应具有天然色泽，清亮透明，不浑浊
香气：应有天然的水果香气，陈酒还应具有浓郁酯香，不应有其他杂味
滋味：酸甜适口，口感醇厚，软润爽口
3．白酒的鉴别方法
色泽：无色，透明，无悬浮物和沉淀物
香气：酒液醇香，芳香扑鼻，饮后回味无穷
滋味：酒液味道醇厚，不苦酸，无怪味，无强烈刺激味</td></tr>
<tr><td>酱油</td><td>常见类型</td><td>1．按照加工方法分
（1）酿造酱油
（2）改制酱油
（3）配制酱油
2．按照物理状态分
（1）液体酱油
（2）固体酱油
（3）粉末酱油
3．按照颜色分
（1）浓色酱油
（2）淡色酱油
4．按照成品中含盐量分
（1）含盐酱油
（2）忌盐酱油</td></tr>
</table>

续表

<table>
<tr><td rowspan="4">常见的食品分类</td><td>酱油</td><td>鉴别方法</td><td>1．色泽：优质酱油的色泽为红褐色，鲜艳，有光泽，不发乌。劣质酱油则无光泽，发乌，一般多为添加色素过多所致
2．体态：优质酱油体态澄清，浓度适当，无沉淀物，无霉花、浮膜。劣质酱油浓度较低，其黏稠度较小，因此流动稍快，久存后摇动瓶子时，酱油变浑浊，有沉淀，有霉花、浮膜
3．气味：优质酱油具有酱香或酯香等特有芳香味，无其他不良气味。劣质酱油无酱油的芳香或香气平淡，且有焦糊、酸败、霉变和其他令人厌恶的气味
4．滋味：优质酱油味道鲜美适口而醇厚，柔和味长，咸甜适度，无异味。劣质酱油有苦、涩、酸等不良异味和霉味，醇味薄，没有酱香味</td></tr>
<tr><td rowspan="2">食醋</td><td>常见类型</td><td>1．按照制作工艺分类
（1）固态发酵食醋、麸醋
（2）液态发酵食醋
2．按照加工方法分类
（1）酿造食醋
（2）改制食醋
（3）配制食醋
3．按照食醋颜色分类
（1）浓色陈醋
（2）米醋
（3）白醋
4．按照成品中的酸量分类
（1）高度食醋
（2）低度食醋</td></tr>
<tr><td>鉴别方法</td><td>1．色泽：优质食醋呈现琥珀色、棕红色或白色。劣质食醋色泽不正常，发乌，无光泽
2．体态：优质食醋液态澄清，无悬浮物和沉淀物，无霉花、浮膜，无醋鳗、醋虱或醋蝇。劣质食醋浑浊，有大量沉淀，有片状白膜悬浮，有醋鳗、醋虱或醋蝇
3．气味：优质食醋有食醋固有的气味和醋酸气味，无其他异味。劣质食醋失去了固有的香气，具有酸臭味、霉味或其他不良气味
4．滋味：优质食醋酸味柔和，稍有甜味，无其他不良异味。劣质食醋有刺激性的酸味、涩味、霉味或其他不良异味</td></tr>
<tr><td>冷冻食品</td><td>常见类型</td><td>1．果蔬类
2．水产类
3．肉、禽、蛋类
4．速冻方便食品</td></tr>
</table>

续表

<table>
<tr><td rowspan="7">常见的食品分类</td><td>冷冻食品</td><td>鉴别方法</td><td>1．储存环境：应在零下 18℃或更低气温以下储存，销售过程中应该在低温陈列柜中陈列
2．包装：包装在储存、运输、销售时保持完好（不能出现包装裂口等状况），并应标明生产日期、厂址、成分等基本信息</td></tr>
<tr><td rowspan="2">休闲食品</td><td>常见类型</td><td>按原材料划分：
1．以马铃薯、红薯为原材料的产品（油炸薯片、炸红薯片等）
2．以谷类为原材料的产品（饼干、爆米花等）
3．以坚果为原材料的产品（炒花生米、开心果等）
4．以水果为原材料的产品（蜜饯、果冻）
5．以鱼、肉为原材料的产品（鱼片、牛肉干等）</td></tr>
<tr><td>鉴别方法</td><td>1．储存环境：在干燥、通风的环境下储存（避免食品受潮变质）
2．包装：包装在储存、运输、销售时保持完好（不能出现裂口等状况），并应标明生产日期、厂址、成分等基本信息</td></tr>
<tr><td rowspan="2">乳制品</td><td>常见类型</td><td>1．奶粉
2．炼乳
3．奶油
4．鲜乳</td></tr>
<tr><td>鉴别方法</td><td>1．鲜乳
色泽：生鲜乳色泽乳白或略带黄色。如奶液发白薄稀、不易挂杯，取一滴放在玻璃片上，乳滴不成形、易流散，则是掺水奶
气味和滋味：刚挤出的牛乳中含有糖类和挥发性脂肪酸，因而略带甜味，并有牛乳的特有香气
组织状态：鲜乳应均匀，不分层，无沉淀、凝块、杂质
2．奶粉
气味和滋味：正常奶粉应具有消毒牛乳的香味，无其他杂味。凡气味中略有苦味、腐败味、发霉味、化学药品和石油产品气味等，一律为不合格产品
组织状态：正常奶粉应呈干燥的粉末状，无凝块或团块
色泽：正常的奶粉应呈浅乳黄色，而且均匀一致
3．炼乳
气味和滋味：味甜而纯，有明显的牛乳滋味，无外来的气味和滋味
组织状态：黏度适中，黏稠度以很易从刮铲上流下为准，质地均匀一致，口尝时感觉不到乳糖结晶的存在，整个炼乳中不得有气泡存在
色泽：炼乳整体色泽应均匀一致，白中略带乳脂的色泽
4．奶油
色泽：颜色应均匀一致，呈微黄色
盐分：正常、均匀、一致
稠度：具有一定的稠度和适当的可塑造性与延展性
组织状态：切断面应细致均匀</td></tr>
</table>

续表

常见的食品分类	保健品	常见类型	1．营养保健品 2．专用保健品 3．防病保健品
		鉴别方法	包装： 1．应有国家的生产许可标志和认证标志 2．应有生产日期、生产厂家的信息 3．应有详细的使用说明 4．应有详细的生产成分

步骤三：按照食品陈列的要求进行不同种类食品的陈列

1．课前准备

选择正确的货柜，正确地摆放以下食品。

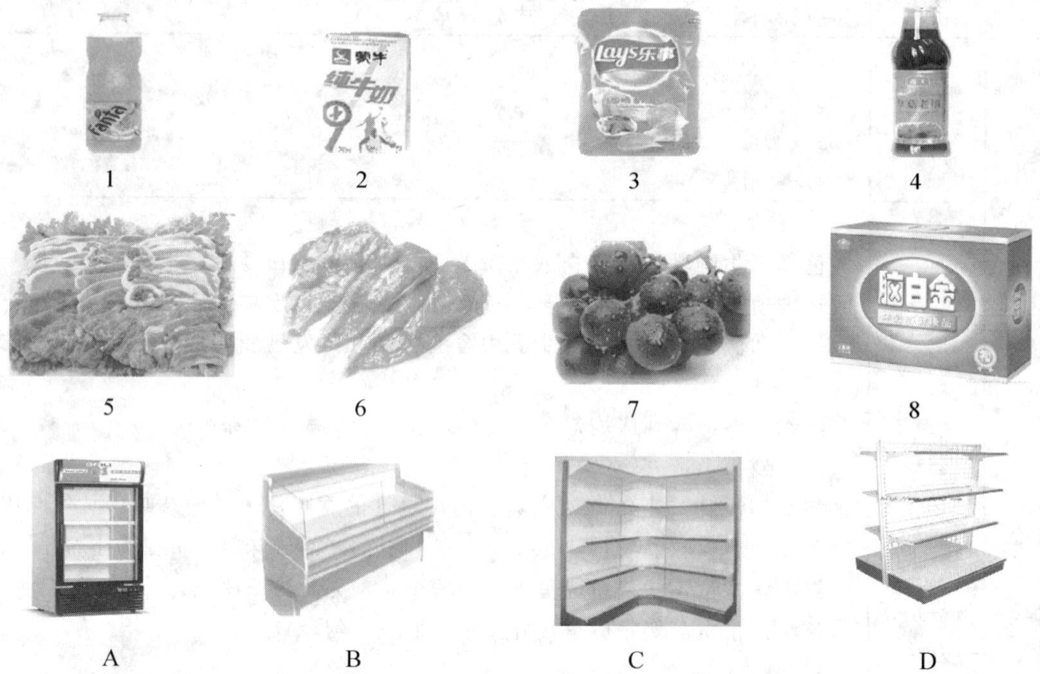

2．知识准备

（1）食品陈列特色

① 敞开式售货。

② 广泛采用定量包装。

③ 特殊形式的商品结构。

④ 薄利多销。

⑤ 电子计算机代替人工结算。

⑥ 占用售货人员少，劳动效率高，节约费用开支。

（2）食品陈列的基本原则

① 容易判断。

② 显而易见。

③ 伸手可取。

④ 满陈列原则。

⑤ 先进先出原则。

⑥ 关联性原则。

⑦ 同类商品垂直陈列原则。

（3）食品陈列的基本方法

① 整齐陈列法：将单个商品整齐地堆积起来的方法。

② 随机陈列法：将商品随机堆积的方法。

③ 盘式陈列法：即把非透明包装商品的包装上部切除，将包装箱的底部切下来作为商品陈列的托盘。

④ 兼用随机陈列法：整齐陈列和随机陈列两种陈列方式同时使用的陈列方式。

⑤ 端头陈列法：利用双面的中央陈列架的两头进行陈列。

⑥ 岛式陈列法：在超市的入口处，中部或者底部不设置中央陈列架，而配置特殊陈列用的展台。

⑦ 窄缝陈列法：在中央陈列架上撤去几层隔板，只留下底部的隔板形成一个窄长的空间进行特殊陈列。

⑧ 突出陈列法：将商品放在篮子、车子、箱子、存货筐或突出延伸板内，陈列在相关商品的旁边销售。

⑨ 悬挂陈列法：将无立体感、扁平或细长型的商品悬挂在固定或可以转动的装有挂钩的陈列架上。

⑩ 前排陈列法：当一些前排商品已被顾客选购，但还没有到营业停止的时间，可以将货架上剩余的商品整体陈列在前排空出的位置。

⑪ 不规则陈列法。

3．各小组按照要求进行超市陈列比赛

比赛要求：

① 先将商品进行分类。

② 从所学的陈列方法中选择正确的方法（整齐陈列法、随机陈列法、盘式陈列法、兼用随机陈列法、端头陈列法、岛式陈列法、窄缝陈列法、突出陈列法、悬挂陈列法、前进陈列法、不规则陈列法）。

将比赛结果填在评分表中。

比赛评分表

项　　目	要　　求	标　　准	学生自评	学生互评
盒装牛奶、饮料	选正确陈列方法	能展示各个食品		
调味品	选正确陈列方法	能展示各个食品		
生鲜食品	选正确陈列方法	能展示各个食品		
保健品	选正确陈列方法	能展示各个食品		
冷冻食品	选正确陈列方法	能展示各个食品		
茶叶、酒类	选正确陈列方法	能展示各个食品		

学生工作指引

任务 2.1　销售前的准备工作

班级：　　　　组别：　　　　姓名：　　　　指导教师：　　　　项目课时：

工作任务	销售前的准备工作
任务内容	食品分类，食品质量鉴别，食品陈列
工作过程	步骤一：食品分类 步骤二：食品质量鉴别 步骤三：食品陈列

效果评价

任务 2.1 销售前的准备工作

班级：　　　　组别：　　　　姓名：　　　　指导教师：　　　　项目课时：

<table>
<tr><th>工作任务</th><th>工作过程</th><th>成绩评定</th></tr>
<tr><td rowspan="3">职业素养</td><td>按时出勤，课堂表现好（10 分）</td><td></td></tr>
<tr><td>仪容仪表符合职业规范（5 分）</td><td></td></tr>
<tr><td>具备良好的团队合作精神（5 分）</td><td></td></tr>
<tr><td>步骤一</td><td>了解食品类别（10 分）
进行商品分类（5 分）</td><td></td></tr>
<tr><td>步骤二</td><td>了解不同食品类别的鉴别方法（10 分）
商品质量鉴别（5 分）</td><td></td></tr>
<tr><td>步骤三</td><td>能够按照食品陈列的要求进行不同种类食品的陈列（10 分）</td><td></td></tr>
<tr><td>学习体会</td><td>完成工作任务后你有什么收获？
在完成工作任务的过程中，你遇到了哪些问题？有什么建议？</td><td></td></tr>
<tr><td rowspan="2">成绩评定</td><td rowspan="2">指导教师签字：
年　月　日</td><td>总分</td></tr>
<tr><td></td></tr>
</table>

任务 2.2 销售中的基本程序及技巧

任务描述

张玲做好了准备工作，将货品准备好，迎接顾客的到来，开始学习如何给顾客介绍商品，处理顾客在销售过程中提出的异议。

任务要求

知识要求

能够描述 FABE 销售模式。

能力要求

能够运用 FABE 模式为顾客介绍商品和处理顾客异议。

情感要求

① 培养学生踏实肯干、吃苦耐劳、乐于钻研的工作精神。

② 培养学生的亲和力和人际交往沟通能力。

任务分析

做好了销售前的准备工作，张玲开始思考该如何去接待顾客，怎样应对顾客提出的异议。她开始学习一种常见的销售方法——FABE 模式。

实施步骤

步骤一：学习商品介绍的基本方法（FABE 模式）

案例一：一对年轻夫妇到超市选购纸巾，在选购纸巾的时候夫妇之间发生了一些分歧，让我们一起看看销售人员是怎样解决这个问题的。

案例一

<table>
<tr><td colspan="4">第一部分</td></tr>
<tr><td>小组名称：</td><td colspan="2">组长：</td><td>小组人数：</td></tr>
<tr><td colspan="4">案例分析：</td></tr>
<tr><td colspan="2">存在的问题：</td><td colspan="2">对应解决方法：</td></tr>
<tr><td colspan="2">1</td><td colspan="2"></td></tr>
<tr><td colspan="2">2</td><td colspan="2"></td></tr>
<tr><td colspan="2">3</td><td colspan="2"></td></tr>
<tr><td colspan="2">4</td><td colspan="2"></td></tr>
<tr><td colspan="2">5</td><td colspan="2"></td></tr>
<tr><td colspan="4">你觉得还需要注意什么</td></tr>
</table>

续表

第二部分：
归纳商品介绍的基本方法：
写出商品介绍的流程： □→□→□→□→□→□

步骤二：了解处理顾客异议的方法

案例二：一位老年女性顾客到超市选购牛奶，由于老年人容易对产品产生怀疑，因此销售人员要一步一步地打消顾客的疑虑，让顾客放心购买。

案例二

<table>
<tr><td colspan="2">案例描述：（如为孩子买衣服的年轻妈妈）</td></tr>
<tr><td>顾客特征分析：</td><td rowspan="8">你该怎么做
1. 用什么语言

2. 用什么方法</td></tr>
<tr><td>1. 性别</td></tr>
<tr><td>2. 年龄</td></tr>
<tr><td>3. 特点</td></tr>
<tr><td>4. 性格</td></tr>
<tr><td>5. 购买欲望</td></tr>
<tr><td>6. 购买能力</td></tr>
<tr><td>7. 其他</td></tr>
<tr><td>顾客需求分析：</td><td rowspan="5">顾客到底要什么（如王女士需要一条价格在500元左右的黑色棉质、款式简单的连衣裙）</td></tr>
<tr><td>1. 要什么东西</td></tr>
<tr><td>2. 要什么价格</td></tr>
<tr><td>3. 要什么品质</td></tr>
<tr><td>4. 其他</td></tr>
<tr><td colspan="2">针对顾客你该怎么做</td></tr>
</table>

知识链接

这里简单介绍一下FABE模式。

F 代表特征（Features），包括产品的特质、特性等最基本功能，以及它是如何用来满足我们的各种需要的。例如，从产品名称、产地、材料、工艺定位、特性等方面深刻挖掘产品的内在属性，找到差异点。特征，毫无疑问就是品牌自身所独有的。

A 代表由特征所产生的优点（Advantages），即所列的商品特性（F）究竟发挥了什么功能。要向顾客证明“购买的理由”：与同类产品相比较，列出比较优势，或者列出这个产品独特的地方。

B 代表这一优点能带给顾客的利益（Benefits），即商品的优势（A）带给顾客的好处。利益推销已成为推销的主流理念，一切以顾客利益为中心，通过强调顾客得到的利益、好处，激发顾客的购买欲望。这实际上是采用右脑销售法则时特别强调的，用众多的形象词语来帮助消费者虚拟体验这个产品。

E 代表证据（Evidence），包括技术报告、顾客来信、报刊文章、照片、示范等，通过现场演示、相关证明文件、品牌效应来印证刚才的一系列介绍。所有作为“证据”的材料都应该具有足够的客观性、权威性、可靠性和可见证性。

FABE 模式简单地说，就是在找出顾客最感兴趣的各种特征后，分析这些特征所产生的优点，找出这些优点能够带给顾客的利益，最后提出证据，通过这四个关键环节的销售模式，解答消费诉求，证实该产品确能给顾客带来这些利益，极为巧妙地处理好顾客关心的问题，从而顺利实现产品的销售诉求。

步骤三：处理顾客异议

案例三：一位年轻顾客想要购买一把旅游用的牙刷，但不知道怎么样选择，销售人员耐心地给顾客介绍商品。

案例三

小组	顾客分析	采用方法	步骤完整	语言、行为规范	能销售成功吗	你该怎么做
1						
2						
3						
4						
5						
6						
7						
其他意见：						

非常满意：√　　合格：▲　　不合格：×

知识链接

处理顾客异议的方法有以下几种。

1．反驳处理法

反驳处理法也叫直接否定法，指推销员针对顾客所提的意见予以直接否定的处理方法。

应用建议：推销员要保持友好的态度、温和的语气和婉转的表述；应依靠事实和逻辑的力量说服顾客，不能强词夺理，与顾客争辩；注重信息沟通，以正确答案否定偏见异议，以新的信息去反驳过时的信息，以真实的信息去反驳虚假的信息，向顾客传递最新的、正确的推销信息。

2．转折处理法

转折处理法也叫迂回处理法，指推销员先肯定顾客的意见，然后从某个角度再做解释。

应用建议：推销员首先要承认顾客的看法有一定道理，即向顾客做出一定让步，然后才讲出自己的看法，应尽量淡化转折的意思。该方法不能滥用，否则容易引起顾客的反感。

3．补偿处理法

补偿处理法也叫同意补偿法，指推销员先同意和接受顾客所提的意见，并用有关优点来弥补的一种顾客异议处理方法。

应用建议：你越是纠缠对方那些站得住脚的理由，你做成这笔买卖的可能性就越小；注意所用推销方面的优点应足以抵消甚至超过顾客所提的不足，如果一个优点不够，可以同时用数个优点来抵消缺点。

4．利用处理法

利用处理法也叫转化处理法，指推销员直接利用顾客异议进行转化而处理顾客异议的办法。

应用建议：要特别注意语气，不要太尖刻，不要让顾客感觉你在利用话柄反驳。

5．询问处理法

这是指推销员对顾客的问题提出反问（询问）来了解顾客提出异议的原因，然后再加以处理的一种方法。

应用建议：

① 询问的语气要温和，要体现关切的心情。

② 不过多追问，否则会引起顾客反感。

③ 应具体情况具体分析，注意在恰当的时间有针对性地适度追问顾客，千万不可自以为是，无端冒犯顾客。

6．放过处理法

放过处理法也叫忽略处理法，指推销员对于顾客所提意见装没听见、不予理睬或忽略放过的处理方法。

应用建议：对于顾客的一些不影响成交的反对意见，推销员最好不要反驳，采用不理睬的方法是最佳的。

7．重复削弱法

这是指推销员先用相对温和的语气复述顾客异议，然后再加以处理的方法。

应用建议：你只能削弱而不能改变顾客的说法，否则顾客会认为你歪曲他的意思而产生不满。

8．使用证据处理法

这是指推销员使用各种证据来应对顾客各种反对意见的方法。

应用建议：

① 注意积累来自第三方的有力证据。

② 使用的证据和理由必须实事求是，切忌凭空臆造，任意杜撰。

9．合并意见处理法

这是指将顾客的集中意见汇总成一个意见，或者把顾客的反对意见集中在一个时间讨论，总之是要削弱反对意见对顾客所产生的影响。

应用建议：不要在一个反对意见上纠缠不清。

学生工作指引

任务 2.2　销售中的基本程序及技巧

班级：　　　　组别：　　　　姓名：　　　　指导教师：　　　　项目课时：

工作任务	销售中的基本程序和技巧
任务内容	商品介绍 处理顾客异议
工作过程	了解 FABE 模式 鉴别顾客需求、食品介绍 与顾客交谈、处理顾客异议

效果评价

任务 2.2　销售中的基本程序及技巧

班级：　　　　组别：　　　　姓名：　　　　指导教师：　　　　项目课时：

工作任务	工作过程	成绩评定
职业素养	按时出勤，课堂表现好（10 分）	
	仪容仪表符合职业规范（5 分）	

续表

工作任务	工作过程	成绩评定
职业素养	具备良好的团队合作精神（5分）	
步骤一	了解FABE模式（5分） 运用FABE模式为顾客介绍商品（10分）	
步骤二	了解处理顾客异议的方法（5分） 处理顾客异议（10分）	
学习体会	1．完成工作任务后你有什么收获？ 2．在完成工作任务的过程中，你遇到了哪些问题？有什么建议？	
成绩评定	指导教师签字： 年　月　日	总分

任务2.3　销售后的客户维护

任务描述

张玲在超市已经工作一个月了，她对食品销售的工作流程、接待顾客的服务标准已经比较了解了，于是主管让张玲学着去处理顾客的投诉，对于张玲来说，这又是一个很大的挑战。

任务要求

知识要求

能够描述处理客户投诉的方法和步骤。

能力要求

能够根据模拟情景，提出解决客户投诉的方案。

情感要求

培养学生的亲和力和人际交往沟通能力。

任务分析

于是，张玲找到主管进行了沟通。主管告诉张玲，对顾客的售后维护工作主要是处理顾客投诉，具体的要求和技巧需要她自己去摸索。

对于销售而言，投诉是无法避免的。处理顾客投诉，是营业人员一项非常重要的任务。

营业人员在处理顾客投诉时一定要做到以下几点。

① 给顾客说话的权利。遇到顾客投诉时，一定要给顾客说话的权利，让顾客说出自己的真实想法后，再进行解决。

② 弄明白顾客想得到什么。在做出任何投诉处理意见前，都应该了解顾客投诉的真实用意，是需要经济补偿，还是需要情感上的安慰。

③ 划分责任，及时上报。依据顾客的描述，分清顾客所提出问题的责任部门或责任人，并及时上报相关责任部门。

④ 考虑赔偿，尽可能减少对顾客的伤害。

处理客户投诉的五个步骤：

① 认真听，做好记录，找到要点。

② 认同顾客，疏导顾客情绪。

③ 立即回应，及时处理。

④ 及时反馈，及时告知。

⑤ 善始善终。

学生工作指引

任务 2.3 销售后的客户维护

班级： 组别： 姓名： 指导教师： 项目课时：

工作任务	销售后的客户维护
任务内容	处理顾客投诉
工作过程	根据教师提供的顾客投诉信息，提出应对措施

效果评价

任务 2.3 销售后的客户维护

班级： 组别： 姓名： 指导教师： 项目课时：

工作任务	工作过程	成绩评定
职业素养	按时出勤，课堂表现好（10 分）	
	仪容仪表符合职业规范（5 分）	
	具备良好的团队合作精神（5 分）	
步骤一	了解顾客投诉处理的步骤（10 分）	
步骤二	根据教师提供的顾客投诉情况，你的处理意见是（10 分）：	

续表

工作任务	工作过程	成绩评定
步骤三	综合实训（40分） 根据教师提供的客户投诉信息，编写营业员与顾客的对话（10分）	
学习体会	1. 完成工作任务后你有什么收获？ 2. 在完成工作任务的过程中，你遇到了哪些问题？有什么建议？	
成绩评定	指导教师签字： 年 月 日	总分

项目3

家杂类商品销售

项目背景

张玲到商场工作被分到了家杂类商品卖场，第一次踏入商场的张玲对此感到很迷茫，但张玲从不甘心轻易失败，她决定要通过自己的不断努力学习来实现自己的目标。

项目分析

经过分析，张玲把家杂类商品销售这一工作的主要内容归纳如下：

1. 销售前的准备工作

（1）认识家杂类商品及分类

（2）家杂类商品的展示效用

（3）准备销售用具与辅助用品

2. 销售中的基本方法及技巧

（1）引导顾客产生购买兴趣

（2）增强顾客的购买兴趣

（3）刺激顾客购买欲望

（4）激发顾客购买行为

3. 解释购买行动方案

（1）如何使用高效的销售技巧

（2）如何劝说顾客购买商品

项目要求

知识要求

① 能够描述家杂类商品的种类。

② 能够理解销售的方法和技巧。

③ 能够使用高效的销售技巧。

能力要求

① 能够陈列、展示家杂类商品。
② 能够引导顾客产生购买兴趣。
③ 能够使用相关的销售技巧来促进交易成交。
④ 能够根据销售过程中的模拟情景，提出应对措施。

情感要求

① 培养学生踏实肯干、吃苦耐劳、乐于钻研的工作精神。
② 培养学生的亲和力和人际交往能力。

任务3.1 销售前的准备工作

任务描述

张玲来到家杂类商品卖场，开始从事这类商品的销售。众所周知，家杂类商品品种杂、销售难，对于刚刚接触销售工作的张玲而言，困难重重。张玲找来《商场工作指引》，根据指引按照认识、展示、销售的步骤完成商品的销售。

任务要求

知识要求

① 能够描述家杂类商品的种类。
② 能够描述家杂类商品的分类原则。
③ 能够理解家杂类商品的展示。

能力要求

① 能够鉴别家杂类商品的类别。
② 能够按家杂类商品的类别进行分类。
③ 能够陈列、展示家杂类商品。

情感要求

培养学生踏实肯干、吃苦耐劳、乐于钻研的工作精神。

任务分析

本次任务要完成认识家杂类商品的类别，以及按照家杂类商品的分类方法及分类原则进行分类。

实施步骤

步骤一：认识家杂类商品

家杂类商品通常指居家日常用品，其范围相当广泛，主要有：

① 五金家电类。

② 家居百货类。

③ 洗涤日化类。

QIAOPAI
0256
0257

雕牌
立白
1000积分

OMO
Tide
碧浪

步骤二：家杂类商品的分类

1．商品的分类

商品是概括一定范围内的集合总体，任何集合总体都可按照一定的标志和特征归纳成若干范围较小的单位，直到划分为最小的单元。

商品的分类，是为了满足某种需要，选择适当的分类特征，将商品集合总体科学地、系统地逐次划分为不同的大类、中类、小类、品类或品目、品种，以至规则、品级等细目的过程。

从经营者的立场出发，商品分类要达到“易于管理”、“易于统计、分析、决策”的效果；站在顾客立场，要为顾客提供“选择购买方便”、“消费或使用方便”的效果。

一套有系统的商品分类是商业信息化成功的前提条件。科学的商品分类有助于商品的采购管理、陈列管理、销售管理，以及较好地掌握商店的经营业绩。

2．商品分类的原则

商品分类中最重要、最关键的问题是确定分类原则。一般来说，商品分类通常可以分为大、中、小三个层次。

（1）大分类

大分类通常按商品的特性来划分，如日用品是一个大分类，属于这个分类的商品有洗发类、洗衣类、洗漱类等。

（2）中分类

中分类可以按照功能、用途来划分，也可按商品的产地等特性来划分。

① 按商品的功能、用途划分。例如，在杂货类这个大分类中，可区分出家庭用品的中分类，使消费者在选购时，只要按家庭用品这个功能、用途来寻找，即可轻易找到。

② 按商品的产地来划分。例如，可根据商业圈内顾客的喜好，设置“进口化妆品”这个中分类，那么所有国外进口的化妆品就可都收集在这个中分类中了。

（3）小分类

小分类的分类原则是按照中分类的分类办法，再进行细分。分类依据可以是功能用途、规格包装等。

（4）家杂类商品类别表

将主要商品品牌填入下面的家杂类商品类别表中。

家杂类商品类别表

序号	商品大类	商品中类	商品小类	主要品牌
1	五金家电	五金交电	灯具照明	
		五金直电	蓄电池	

续表

序号	商品大类	商品中类	商品小类	主要品牌
2	家居百货	家居用品	不锈钢制品	
			玻璃制品	
			塑料制品	
3	洗涤日化	个人洗护	洗浴用品	
			个人清洁	
		家用清洁	洗衣用品	
3	洗涤日化	家用清洁	厨房清洁剂	
			浴厕清洁剂	
		家用纸品	餐巾纸	
			婴幼儿类	
		杀虫芳香类	杀虫片	
			防虫用品	

步骤三：家杂类商品的展示效果

1．商品展示的要求

（1）商品展示基本要求

① 尽量保证商品的大类摆放保持不变，这样比较方便顾客购物。

② 特价商品堆头展示应醒目，避免堆头过大、过杂，以免影响堆头效果，降低门店的单位销售额。

③ 走道的宽度可设置在80～90厘米，给人以宽松的感觉。同时要求根据销售高峰期合理安排商品的展示，将不易挑选的商品和畅销商品分开，以避免高峰期顾客堵塞走道，给其他顾客的购物带来不便。

④ 货架的高度要考虑到多数顾客的需要，中心货架尽量做到最高不超过165厘米，最好不超过6层。同时还应注意充分利用端头的货架，因为顾客在这些地方的驻足时间最长，所以可摆设一些高毛利的畅销商品。

⑤ 每一类商品都有其不同的特征，为了表现商品的最佳特征，应该将同类商品按不同方式集中组合起来，构成较完美的几何图案，同时保证顾客能够更便捷地进行购物。

（2）商品展示要定期变化

再精彩的摆放设计要是一成不变，那么时间久了也会失去吸引力。所以，商品应定期移动，摆放在不同的位置。

（3）设计丰富而不烦琐

商品丰富是一个超市的经营优势，但如果处理不好丰富与便利的关系，就会影响经营。有的超市虽然品种十分丰富，但由于不便于顾客很快找到合意的商品，从而使顾客产生不耐烦的情绪，结果导致优势变成劣势。

（4）注意陈列安全

摆放、搬运货物时，应注意货品及自身安全。

2．商品展示技术

通过视觉来打动顾客的效果是非常显著的。商品展示的优劣决定着顾客对店铺的第一印象，使卖场从整体看上去整齐是卖场展示的基本思想。展示还要富于变化，不同展示方式相互对照效果的好与坏，在一定程度上影响着商品的销售数量。

（1）商品展示的要点

① 有效地运用隔板。

② 面朝外的立体展示。

③ 标价牌的张贴位置应一致。

④ 商品的展示应由小到大，由左而右，由浅而深，由上而下。

⑤ 货架应分段。

- 上层：展示一些具有代表性、有“感觉”的商品。
- 黄金层：展示一些有特色、高利润的商品。
- 中层：展示一些稳定性商品。
- 下层：展示一些较重的商品，以及周转率高、体积较大的商品。

⑥ 集中焦点的展示。

NO

YES

（2）商品的展示要给人良好的感觉

看一看下表中的内容你是否能够想到，并在备注里标示。

商品展示要点

序号	类别	说明	备注
1	清洁感	① 不要将商品直接展示在地板上 ② 注意去除货架上的锈、污迹 ③ 有计划地进行清扫 ④ 对通道、地板要经常进行清扫	（ ） （ ） （ ） （ ）
2	鲜度感	① 保证商品质量良好，距离保质期到期时间长，距生产日期较近 ② 保证商品上没有尘土、伤疤、锈迹 ③ 使商品的正面面对顾客 ④ 提高商品魅力，如店内海报、POP	（ ） （ ） （ ） （ ）
3	新鲜感	① 符合季节变化，不同的促销活动使卖场富于变化，不断创造出新的卖场布置 ② 富有季节感的装饰 ③ 放置与商品相关的说明看板，相关商品集中展示 ④ 通过照明、音乐渲染购物氛围 ⑤ 演示使用商品的实际生活场景 ⑥ 演示实际使用的各种方法	（ ） （ ） （ ） （ ） （ ） （ ）

学生工作指引

任务 3.1 销售前的准备工作

班级：　　组别：　　姓名：　　指导教师：　　项目课时：

工作任务	销售前的准备工作
任务内容	1. 认识家杂类商品的种类 2. 家杂类商品的分类原则 3. 家杂类商品的展示效果
工作过程	步骤一：认识家杂类商品 ① 通过几张图片让学生认识商品，并且让他们进行分类 ② 学生分组讨论有哪些类别的家杂类商品 步骤二：描述家杂类商品的分类原则 ① 了解家杂类商品分类的三个原则 ② 补充、完成家杂类商品的类别表 步骤三：描述家杂类商品的展示效果 ① 让学生观看商场展示的图片，让学生分组讨论展示的特点 ② 概括商品展示的技术

效果评价

任务 3.1 销售前的准备工作

班级： 组别： 姓名： 指导教师： 项目课时：

工作任务	工作过程	成绩评定
职业素养	按时出勤，课堂表现好（10分）	
	仪容仪表符合职业规范（10分）	
	具备良好的团队合作精神（10分）	
步骤一	认识家杂类商品（20分） ① 家杂类商品分成几类： ② 每一类有哪些常见的商品：	
步骤二	描述家杂类商品的分类原则（20分） 家杂类商品的分类原则：	
步骤三	描述家杂类商品的展示效果（30分） 家杂类商品展示的要求： 家杂类商品展示的技巧：	
学习体会	1. 完成工作任务后你有什么收获？ 2. 在完成工作任务的过程中，你遇到了哪些问题？有什么建议？	
成绩评定	指导教师签字： 年 月 日	总分

任务 3.2 销售中的基本程序及技巧

任务描述

销售前的准备工作完成后，张玲就要接待顾客了。销售人员要学会如何引导顾客产生购买兴趣，激发顾客的购买欲望，以及如何使用相关的销售技巧来刺激销售行为。

任务要求

知识要求

① 能够描述引导顾客产生购买兴趣的销售技巧。

② 能够描述刺激顾客购买欲望的诀窍。

③ 能够描述激发顾客购买行为的方法。

能力要求

① 能够使用销售技巧来引导顾客产生购买兴趣。

② 能够运用刺激顾客购买欲望的诀窍。

③ 能够使用激发顾客购买行为的方法。

情感要求

① 培养学生踏实肯干、吃苦耐劳、乐于钻研的工作精神。

② 培养学生的亲和力和人际交往沟通能力。

任务分析

张玲按照销售主管的建议，根据《商场工作指引》的要求，将销售过程中的接待程序分为以下几个步骤，逐一进行。

实施步骤

步骤一：情绪渲染——引导顾客产生购买兴趣

对客户的情绪进行积极引导和有效控制，是突破抗拒、化解矛盾的有效方式。而在实际的交流和沟通的过程中，这种方式的使用则可以起到有力的促进作用，它像一只隐形的手，会帮销售员紧紧地抓住客户的心。那么怎样通过情绪渲染引导顾客产生购买兴趣呢？

1．引导顾客与你产生情感共鸣

在营销中，如果营销员能够与顾客达成情感共鸣，就等于把两个人的心理距离拉得很近了，也就意味着已经向成功实现销售迈出了很大的一步，情感共鸣在销售过程中起着极为重要的作用。

那么怎么才能够与顾客产生情感上的共鸣呢？从心理学的角度来讲，要想达到情感上的共鸣，最重要的一点就是能够让顾客认可自己的情感、观点、创意、想法等，从而诱发顾客的心理共鸣，最终让顾客接受自己的商品。

引发顾客的情感共鸣，让顾客知道营销员提供给他们的不仅仅是一种毫无温情的、冷冰冰的商品。因为销售不单纯是一种你买我卖的过程，它也是感情交流和碰撞的过程，是一种心理的探究和调节，是一种倾听和一种诉说。因此，营销员要善于运用这种心理效应，进而赢得顾客的信赖。

一句话销售

销售的过程，其实是销售员与顾客交流彼此的想法和感情的过程，如果能够引导顾客与你产生情感共鸣，他对你以及你所销售的商品都会产生好感。

2．做好服务——真诚友好地回应顾客的抱怨

在营销的过程中，营销员可能会遇到顾客各种各样的抱怨。抱怨是顾客对商品的质量、性能或服务品质不满意的一种表现，一般来讲，它可大可小，可有可无。

销售员应该把顾客的抱怨当做磨炼自己的机会。遭遇顾客抱怨时，一定要保持平静、坦然的心态，把他们的抱怨当做历练自己的一次机会，因为只有不断解决问题，才能够不断进步，变得更加优秀、出色和卓越。

讨论：这个故事告诉了我们什么？

一个非常善于跑步的人家里在一天晚上遭到了小偷的盗窃，当这个人意

识到有小偷的时候，小偷已经跑出了家门。于是这个人起身就去追，但小偷跑得也很快。这个人心想：哼，赛跑，这还不是我的长项。于是，他就加快了自己的脚步，很快就超过了那个小偷。他心里很得意，可转念一想，自己真正的目的是捉住那个小偷。但是小偷已经从后面偷偷地溜走了。销售也是如此，切忌捡了芝麻，丢了西瓜。

当然，在解决顾客抱怨的过程中，销售员最忌讳的就是回避或拖延解决问题的时间。要敢于正视发生的问题，并以最快的速度进行解决，把顾客的事情当做自己的事情来做，站在他们的立场上来思考问题，这样就能化干戈为玉帛，化抱怨为感谢，化怀疑为信赖。

俗话说得好："伸手不打笑脸人。"面对顾客的抱怨，销售员要以最真诚的微笑和态度来化解对方的坏情绪，因为满怀怨气的顾客在真诚的微笑面前也会不自觉地减少怨气。所以，面对顾客的抱怨时，微笑多一点，态度好一点，解决的速度快一点，定能取得令双方满意的结果，而且也能让顾客感觉自己受到了重视、得到了肯定。

一句话销售

"顾客就是上帝"，我们是为我们的上帝服务的，并且要为我们的上帝服好务。

3．善意地为顾客提供帮助

为顾客着想，是销售的最高境界。因为当顾客意识到你是在想方设法、设身处地地给他提供帮助时，他也很乐意接受你所推销的商品。所以，在销售过程中，只要你能够站在顾客的立场上为他们的利益着想，并真诚地给予他们帮助和服务，你的商品就会很容易被顾客接受。

讨论：这个故事告诉了我们什么？

一个盲人在夜晚走路时，手里总是提着一个明亮的灯笼，人们很好奇，就问他："你自己看不见，为什么还要提着灯笼走路呢？"盲人说："我提灯笼，为别人照亮了路，同时别人也容易看到我，不会撞到我，这样既帮助了别人，也保护了我自己。"

步骤二：促销——增强顾客的购买兴趣

促销是一种手段，它以顾客为起点，最终的目的是促进销售额的增长。超市通过广告，传播其商品信息，运用各种促销手段，刺激顾客的需求。各种促销手段组合运用，可达到整体促销效果。

1．促销的目的

任何一个促销活动，都应有其目的，有时目的单一，有时可能多重目的一起出击。认清目的，才能收到较好的效果，从而吸引顾客购买。

① 增加来客数。

② 推出新产品。
③ 消化库存。
④ 节庆或周年庆。
2. 促销活动检查要项

促销活动检查要项表

序号	类别	检查要项	备注
1	促销前	① 促销商品是否已经订货或进货 ② 促销商品是否已经调价 ③ 促销宣传单、海报、POP是否发放及准备妥当 ④ 卖场人员是否均知道促销活动将实施	
2	促销中	① 促销商品展示是否有吸引力 ② 促销商品是否张贴海报、POP ③ 促销商品是否确实做了调价 ④ 卖场人员是否均了解促销期间及做法 ⑤ 促销商品品质能否得到保证 ⑥ 卖场气氛是否被灵活调动 ⑦ 促销商品是否齐全，数量是否足够	
3	促销后	① 商品的价格是否恢复 ② 过期海报、POP、宣传单是否拆下 ③ 商品展示是否恢复原状	

步骤三：刺激顾客购买欲望的诀窍
① 免费赠送。
② 有创意、新颖的包装。
③ 新鲜的小玩意儿。
④ 增添魅力的产品。
⑤ 具有感情投资的产品。
⑥ 便宜的东西。

在刺激顾客购买欲望的过程中，有许多方法可以利用。销售员可以动动脑筋，自己想一些办法，效果应该是显而易见的。

步骤四：激发顾客购买行为的方法

1. 营造热销氛围

利用灯光、POP、视频演示、道具展示等，营造和渲染出热烈的销售气氛，以唤起顾客的好奇心。

（1）道具、促销用品摆放醒目

目前，顾客进店往往看不到展示产品的道具，或者道具的摆放位置不够醒目，让顾客很难注意到。当顾客决定购买以后才拿出来，仿佛促销品是用来锦上添花的，根本没有让顾客感受到促销的热烈气氛，自然无法刺激众多消费者的购买欲望。

（2）视频演示渲染气氛

现在很多店里都有电视机，如果店里能有针对性地播放一些与产品有关的广告或视频，一定会对顾客的购买起到良好的推动作用。

2．价格拆分

（1）生命周期法——拆分价格

生命周期法是指将数额较大的价格分解为数额较小的价格，以免顾客产生恐惧感而无法接受。拆分价格将高价位分解为每年、每月甚至每天顾客所要花销的数额，运用这种方式拆分价格可起到事半功倍的效果。

（2）“如同”法——降低接受难度

将产品价格拆解，并转化为顾客具体生活中所必须花销的数额，将其与顾客必须购买的其他商品等价，从而促使顾客在心理上接受，这种激发购买欲望的方式就是“如同”法。

3．运用第三方的影响力

在销售过程中，运用第三方作为例证，可以使顾客获得间接的使用经验，从而引起相应的心理效应，快速认可产品，刺激购买欲望。如果能够运用名人、专家或周围邻居等充当第三方的角色，则说服力更强。

（1）名人

营业人员可以将名人作为销售过程中的第三方，以名人的购买行为作为证据，使顾客在心理上更加信赖商品的质量和品位。要做到这一点，平时需要注意搜集名人购买和使用商品的信息。在激发顾客的购买欲望时，营业人员可以提供相应的资料和众所周知的事实，从而说服消费者进行消费。

（2）专家

专家在专业领域具有较强的权威性，因此以专家作为第三方可以增加顾客对商品质量的信任度。

4．迎合顾客的购买心态

顾客在购买商品时的心态主要反映在占便宜、少花钱、喜欢尊贵、追求与众不同和互相攀比这几点上。

（1）占便宜

占便宜的心态在购买中表现为希望花费相同数目的钱而获得更多的利益。赠品可以很好地满足顾客占便宜的心理需求。事实上，赠品常常附带一定的购买条件，尽管赠品的价格不高，但是顾客并不愿意直接花钱购买相应的赠品，而宁可达到获得赠品的购买条件。这就是赠品的魅力，多数人总是认为获得赠品就是占到了便宜。

（2）少花钱

与占便宜的心态相对应，少花钱也是众多消费者的购买心理。促销、打折、会员卡、免费维修等，都可以使顾客少花钱，在这方面关键是要让顾客了解原价和现价的差异，甚至明确告知其将少花多少钱，从而极大地刺激其购买的欲望。

（3）尊贵

优先权、金卡、会员卡、享受特殊的服务待遇都是荣誉和尊贵的象征。有时让尊贵顾客的亲属也跟着沾点光，会起到意想不到的裙带销售效果。

（4）攀比

攀比心理非常正常，可以从同龄攀比、同单位攀比、同级别攀比等方面寻找顾客的攀比切入点，然后从商品的功能和特性、使用者的情况等方面进行介绍和推荐，激发顾客心中的购买欲望。

激发顾客购买行为考评表

项　目	内　容	标　准	学生自评	学生互评
营造热销气氛	海报、道具和视频等资料	海报有感染力，道具灯光有渲染力，视频资料有说服力（30分）		
价格拆分	生命周期法和“如同”法	将高价位商品按每月或每天进行定价或者将大商品进行细分后，对每个小商品进行分别定价（20分）		
运用第三方影响力	名人、专家和权威机构	通过名人打广告等方式来吸引顾客，通过专家或权威机构等来保证商品的质量，从而吸引顾客（20分）		
顾客心理	占便宜心理、少花钱购物、尊贵身份和攀比	通过少量商品低价来满足顾客占便宜的心理，通过每样商品低于1毛钱的促销方式吸引顾客，通过办会员卡、积分卡的方式和同产品的服务、质保和赠品等方式来吸引顾客（30分）		
教师评述	指导教师： 年　月　日			

学生工作指引

任务 3.2　销售中的方法和技巧

班级：　　　　　组别：　　　　　姓名：　　　　　指导教师：　　　　　项目课时：

工 作 任 务	销售中的方法和技巧
任务内容	1．引导顾客产生购买兴趣 2．增强顾客的购买兴趣 3．刺激顾客购买欲望 4．激发顾客购买行为
工作过程 工作过程	步骤一：引导顾客产生购买兴趣 ① 引导顾客与你产生情感共鸣 ② 做好服务，真诚友好地回应顾客的抱怨 ③ 善意地为顾客提供帮助 步骤二：增强顾客的购买兴趣 通过促销的方法来增强顾客的购买兴趣 步骤三：刺激顾客购买欲望 通过赠送礼品、部分商品特价、新颖的创意包装等方式来刺激顾客的购买欲望 步骤四：激发顾客购买行为 ① 营造热销氛围来拉拢顾客 ② 采用价格拆分法来让顾客接受 ③ 运用第三方的影响力来吸引顾客

效果评价

任务 3.2　销售中的方法和技巧

班级：　　　　　组别：　　　　　姓名：　　　　　指导教师：　　　　　项目课时：

工 作 任 务	工 作 过 程	成 绩 评 定
职业素养	按时出勤，课堂表现好（10 分）	
	仪容仪表符合职业规范（5 分）	
	具备良好的团队合作精神（5 分）	
步骤一	引导顾客产生购买兴趣（30 分）（情境模拟） 引导顾客与你产生情感共鸣： 做好服务，真诚友好地回应顾客的抱怨：	

续表

工作任务	工作过程	成绩评定
步骤一	善意地为顾客提供帮助：	
步骤二	增强顾客的购买兴趣（20 分） 促销的定义： 促销的作用： 促销的前期、中期和后期的准备：	
步骤三	刺激顾客购买欲望（10 分） 有哪些常用方法来刺激顾客购买欲望：	
步骤四	激发顾客购买行为（20 分） 如何营造热销氛围来拉拢顾客： 价格拆分有哪两种方法： 如何运用第三方的影响力来吸引顾客：	
学习体会	1. 完成工作任务后你有什么收获？ 2. 在完成工作任务的过程中，你遇到了哪些问题？有什么建议？	
成绩评定	指导教师签字： 年 月 日	总分

任务 3.3 解释购买行为方案

任务描述

张玲在商场工作已经一个月了，她已学会使用一些销售方法来促进销售行为。但是，销售是一门学科，它不仅仅包含销售方法和技巧，还包括一些接待、交流和行为技巧。因些，张玲也在销售中注意自身行为和交流习惯，希望使自己的销售成绩更加优秀。

任务要求

知识要求

能够描述高效的销售技巧。

能力要求

① 能够运用高效的销售技巧。

② 能够劝说顾客购买商品。

情感要求

培养学生的亲和力和人际交往沟通能力。

任务分析

于是，张玲不断加强自身学习，通过学习各种销售书籍，她摸索出了相应的销售技巧和交流沟通方法。

实施步骤

步骤一：使用高效的销售技巧

1．顾客总说“随便看看”应如何应对

在销售的过程中，销售员最常碰到的一类客户，就是那些“随便看看”的客户。当销售员询问他们需要购买什么的时候，他们不会轻易地告知答案，而是冷冷丢下一句话，然后寻找自己想要的商品，或者干脆径直离去，让销售员很难堪。

当我们遇到这类顾客时该怎么办呢？

从人的心理上讲，顾客来到一个新的环境，要接触很多陌生的人，一定会产生戒备心理，因此就会不愿意回答销售员的问题。面对这样的顾客时，销售员不能操之过急，而应该循序渐进，一步一步地去接近顾客，对其进行积极的引导和说服。

策略 1 （1）选择最佳的接近时机

遇到这样的顾客，如果销售员拦住并接二连三地询问需要什么产品、价位在多少、什么品牌、需要具备哪些功能等，那么顾客可能会更加厌烦。所以销售员要学会换位思考，要顾及顾客的感受，因此就需要选择合适的时机来接近顾客，而不是急于求成。例如，在一旁仔细地观察顾客，发现他对某产品感兴趣时，再及时地上前介绍，效果会好一些。

（2）给顾客一定的自由空间

既然顾客表示自己随便看看，那就意味着他不喜欢被打扰，想要一定的自由。这时销售员应该做的就是管好自己的嘴，少说话，并与顾客保持适当的距离，跟着他的视线走，必要时做一些简单明了的介绍。如果他没有感兴趣的商品，而是继续看，销售员也要继续保持适当的距离，或者很轻松地跟同事聊几句，让顾客觉得你给了他足够的个人空间。

（3）对顾客采取积极的引导

销售员要在尊重顾客意愿的基础上，尽量想办法减轻顾客的心理压力，将顾客的借口变成接近他的理由，并通过一些简单的问题引导顾客开口说话，这样才能了解到顾客的真实需求。

2．不要让顾客觉得你在“自卖自夸”

常言道：“老王卖瓜，自卖自夸。”销售员推销自己的产品，自然会夸自己的产品好，但是如果顾客不买你的账，把这个问题提出来，就会令销售员感到尴尬。但是不管怎么说，即使客户提出这样苛刻的问题，销售员也不能意气用事，说出“你这么说我也没有办法，反正信不信由你”等不负责任的话，这样买卖肯定是不能成交的。面对这样的问题，销售员应该做的就是去回答顾客的质疑，恢复顾客对自己的信心，这样才能走出困境。

策略 2 （1）在认同顾客观点的基础上拿出证明

自卖自夸是商业活动中很常见的现象，销售员不能予以否定，否则更加欲盖弥彰。不如干脆承认这个事实，认同顾客的观点，这样其实也是对顾客的一种积极引导，可以拉近自己和顾客之间的距离。接下来，再通过有力的证据，证明自己所言非虚，这样就更容易达到说服顾客的目的。

（2）通过幽默和自信化解尴尬

其实，面对很多尴尬的问题时，销售员要善于用幽默的方式来缓和气氛。这样不仅能够缓和气氛，还能够积极地引导顾客，会起到很好的效果。

3．因照顾不周而产生抱怨时该怎么办

“顾客就是上帝”，只有把顾客招待好了，才能使销售顺利地进行，否则就会受到很多客户的抱怨和责难。但是，在营业高峰时段，由于销售员照顾不周，就可能冷落一部分顾客，进而导致这部分顾客产生抱怨，感到失望，甚至很生气地离开。如何才能兼顾各方，使等待的顾客不感到自己受冷落，甚至心甘情愿地等待呢？

（1）适时关注，延长顾客逗留的时间

当顾客较多时，销售员就无法为每个顾客提供全面的服务，于是顾客需要等待，时间一长，顾客的满意度就会降低，部分顾客甚至会一走了之。但是，销售员不能眼睁睁地看着顾客流失，这时销售员就应该积极地引导顾客先去挑选商品，并延长顾客停留的时间。而且在顾客等待时，还要不时和顾客说句话，让顾客知道你还在关心他，这样即使等待，他们的心里也会感到舒服些。

（2）随叫随到，注意细节服务

不管销售员如何忙碌，有顾客询问，都要有问必答，哪怕是简短的安抚和歉意，绝不能置之不理。例如，可以抽空对等待的顾客说“真的不好意思，让你久等了”之类的话，可以起到对顾客的安慰作用。同时，当顾客叫你的时候，你一定要及时地去接待，这样才能显示出对顾客的重视，顾客才会感到满足。

4．如何引导顾客及时购买

顾客的购买标准是物美价廉，他们对价格十分敏感，为了获得优惠，他们看中商品后会选择其他地方对比或等打折时才购买而放弃此次购买的机会。顾客想要获得优惠的心理是可以理解的，但是如果想要推动顾客立即购买，则需要晓之以理，动之以情，积极引导他改变观点。

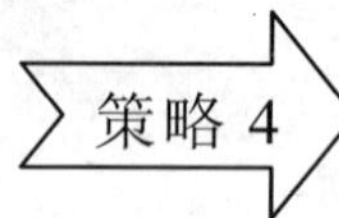

（1）强调利害关系，刺激顾客早做决定

为了能够及时引导顾客购买，销售员应该向顾客强调先买和后买之间的利害关系，在一定程度上刺激顾客早做决定。例如，销售员可以向顾客陈述，一是我们这里是价格最便宜的，你走冤枉路后还会回来；二是打折的时间不定，到时也有可能出现货不全的状况；三是即使打折也可能出现量少而无法争取的局面；四是指出立即购买的好处，让顾客尽快做出决定。

（2）引导顾客体验产品，增强购买欲望

当顾客以某种理由不立即购买时，销售员可以顺势引导顾客去体验产品，因为顾客的购买很多时候都是比较感性的，凭感觉选购，喜欢就不会计较很多，所以销售员应该通过引导客户体验来增强其购买欲望。

（3）积极引导，但不过于强迫

销售员应该积极引导顾客立即购买，但是有些顾客比较固执，如果销售员说服不成，就不要勉强，而应该给顾客留个好印象，增加回头率。

在销售过程中，销售员会遇到各种各样的客户，有的比较和善，有的比较固执，有的比较挑剔，有的比较古怪。所谓“众口难调”，销售员只有找准他们的脾性，并动用策略巧妙说服，才能各个击破，让他们各取所需，满意而归。

步骤二：劝说顾客购买商品

1．引导成交法

如果顾客有心购买，只是认为商品的价格超出了自己预定的水平，那么，只要你对他们进行引导，一般都能使洽谈顺利进行下去。

引导在商品交易中的作用很大。它能使顾客转移脑中所考虑的对象，产生一种想象。这样，就使顾客在买东西的过程中，变得特别积极，在他们心中也会产生一种希望交易尽早成交的愿望。可以说，引导是一种催化剂，一种语言催化剂。在化学当中催化剂能使化学反应迅速增快；同样，在商品交易中，卖家使用催化剂也能使顾客受到很大影响。“引导”的一切行动都是你安排的，但在顾客看来，一切都是自己设计的，一直到交易成功之后，他们都以为是自己占了便宜。

2．用途示范成交法

在给顾客介绍商品的时候，免不了要向顾客介绍商品的用途，但这并不意味着仅仅把商品的用途和功能罗列出来就完事了，还要给顾客演示。演示往往会加深顾客对商品的印象，会使顾客获得一种安稳的感觉，增加他们对商品的信任感。

3．加压式成交法

对于看中想买又不着急买的顾客，用这种方法是最好不过的了。但是，对顾客施加压力并不是强迫顾客来买你的商品，而是运用一种心理战术，使顾客无形中感到一种压力，促使他们尽快成交。使用这种方法必须做好充分的准备，而且要求应变能力非常好，能在洽谈的过程中，恰到好处地改变当时的气氛，扭转当时的劣势，而让顾客感到你是在为他们着想，处处为他们考虑。这样，成交的概率就非常大了。

4．化整为零法

顾客对自己的购买行为常常会犹豫不决，尤其在买大价钱的物品时会产生较大的心理压力，这种压力对顾客的决策有很大的负面作用。此时你就可以将整体性的全盘决定变为分散性的逐个决定，让顾客逐个拿主意，当逐个决定的分量足以压倒犹豫时，再综合整体决定，以促成购买决定的达成。

5．触发顾客情感

物质需求和精神需求是构成人们生活需求的基本内容。例如，销售员要使顾客认识到配一副合适的眼镜不仅能给他的生活和学习带来很大的帮助，而且能给他带来非凡的气质。这样就能从物质和精神方面双重刺激顾客的需求。

销售员要让自己成为一位心理专家，对顾客要全面了解、全面引导、全面呵护、全面帮助和全面满足，做到专心、热心、知心、诚心、耐心和细心，从而换来顾客的一体同心。销售是含有真情实意的社会交往的技巧，是销售员用心参与的感动顾客的方法。有感情的销售才是最打动人的销售。

学生工作指引

任务 3.3　解释购买行动方案

班级：　　组别：　　姓名：　　指导教师：　　项目课时：

工作任务	解释购买行动方案
任务内容	1．如何适用高效的销售技巧 2．何劝说顾客购买商品
工作过程	步骤一：如何适用高效的销售技巧 ① 顾客说“随便看看”应如何应对 ② 不要让顾客觉得你在“自卖自夸” ③ 因照顾不周而产生抱怨时该怎么办 ④ 如何引导顾客及时购买 步骤二：如何劝说顾客购买商品 ① 引导成交法 ② 用途示范成交法 ③ 加压式成交法 ④ 化整为零法 ⑤ 触发顾客情感

效果评价

任务 3.3　解释购买行动方案

班级：　　组别：　　姓名：　　指导教师：　　项目课时：

工作任务	工作过程	成绩评定
职业素养	按时出勤，课堂表现好（10 分）	
	仪容仪表符合职业规范（5 分）	
	具备良好的团队合作精神（5 分）	
步骤一	如何使用高效的销售技巧（40 分）（以情境模拟来展示如何应对） 顾客说“随便看看”应如何应对 不要让顾客觉得你在“自卖自夸” 因照顾不周而产生抱怨时该怎么办 如何引导顾客及时购买	

续表

工 作 任 务	工 作 过 程	成 绩 评 定
步骤二	如何劝说顾客购买商品（40 分）（以情境模拟来展示各种方法） 引导成交法 用途示范成交法 加压式成交法 化整为零法 触发顾客情感	
学习体会	完成工作任务后你有什么收获？ 在完成工作任务的过程中，你遇到了哪些问题？有什么建议？	
成绩评定	指导教师签字： 年　月　日	总分

项目4

酒、茶类商品销售

项目背景

张玲本月来到了酒、茶柜台，准备开始这类商品的销售。茶、酒的销售对于销售人员来说，需要了解丰富的商品知识，针对顾客的需求来销售商品，并将顾客的信息归档，以便今后对VIP顾客的服务。

项目分析

根据工作指引，张玲将酒、茶类商品销售工作的主要内容归纳如下：

1．营业前准备

（1）认识酒、茶

（2）鉴别酒、茶

（3）营业前的清洁准备

（4）酒、茶的商品陈列

2．销售酒、茶类商品

（1）按商品特征销售

（2）运用技巧销售商品

（3）成交、开票、送客

3．顾客信息归档

（1）顾客信息采集对象

（2）顾客信息采集内容

（3）顾客信息归档方法

项目要求

知识要求

① 能够描述酒、茶类商品的特征、种类和鉴别方法。

② 能够描述营业场所、设备设施的清洁工作标准。

能力要求

① 能够鉴别酒、茶的种类和等级。

② 能够按陈列标准的要求摆放商品。

③ 能够根据销售过程中的模拟情景，提出应对措施。

④ 能够运用信息采集的方法进行顾客信息的采集和归档。

情感要求

① 培养学生踏实肯干、吃苦耐劳、乐于钻研的工作精神。

② 培养学生的沟通能力和人际交往能力。

③ 培养学生的职场安全意识。

任务4.1 营业前准备

任务描述

张玲根据《商场工作指引》，开始准备开展工作。首先她找来相关的资料，了解所销售酒、茶的商品知识，然后根据其特点进行陈列，最后还要做好营业前的各项准备，同时注意职场安全。

任务要求

知识要求

① 能够描述酒、茶类商品的特征、种类和鉴别方法。

② 能够描述营业场所、设备设施的清洁工作标准。

能力要求

① 能够鉴别酒、茶的种类和等级。

② 能够运用陈列方法摆放商品。

③ 能够安全地进行营业场所的清洁工作。

情感要求

① 培养学生踏实肯干、吃苦耐劳、乐于钻研的工作精神。

② 培养学生的职场安全意识。

任务分析

本次任务要完成认识酒、茶的种类、特征和鉴别方法，并运用陈列方法摆放商品。同时，还应具有职场安全意识，安全地清洁卖场及设备设施。

实施步骤

步骤一：认识酒、茶

1．认识酒

（1）什么是酒

酒是以粮谷、果类、糖分等为原料，经发酵酿造制成的、含有 1%以上酒精的饮料。

（2）酒的分类

按照不同的分类标准，可以对酒进行不同的分类。例如，可以按照生产工艺、酿造原料、产地、酒精含量等不同的标准进行分类。以下是几种常用的酒的分类方法。

① 按酒的生产工艺分类。

- 油
  - 发酵酒：啤酒、黄酒、葡萄酒、米酒
  - 蒸馏酒
    - 谷物蒸馏酒
      - 威士忌（Whisky）
      - 金酒（Gin）
      - 伏特加（Vodka）
      - 中国白酒
    - 水果蒸馏酒
      - 白兰地酒（Brandy）
      - 朗姆酒（Rum）
    - 果杂蒸馏酒：龙舌兰酒（Tequila）
  - 配制酒
    - 鸡尾酒（Cocktail）
    - 开胃酒（Aperitif）
    - 餐后甜酒
    - 利口酒（Liqueur）

② 按餐饮习惯分类。

按西餐配餐的方式，酒水可分为四个类型，即餐前酒、佐餐酒、甜食酒和餐后酒。

按餐饮习惯分类

餐前酒（Aperitif）	也称开胃酒，是指在餐前饮用的，喝了以后能刺激人的胃口，使人增加食欲的饮料
佐餐酒（Tablewine）	即葡萄酒（Wine），是西餐配餐的主要酒类
甜食酒（Dessertwine）	西餐就餐过程中佐助甜食时饮用的酒品
餐后酒（Liqueur）	即利口酒，是供餐后饮用且含糖分较多的酒类，饮用后有帮助消化的作用

③ 按酒精含量分类。

按酒精含量的多少，酒水可分为低度酒、中度酒、高度酒和无酒精饮品。

按酒精含量分类

低度酒	20度以下
中度酒	20～40度之间
高度酒	40度以上
无酒精饮品	不含酒精

④ 按酿制酒水的原料分类，可分为粮食类、水果类和其他类。

⑤ 按照酒水的物理形态分类，可分为固态饮料和液态饮料。

⑥ 按照是否含有二氧化碳分类，可分为碳酸类饮料、非碳酸饮料和汽酒。

2．认识茶

(1) 什么是茶

茶原为中国南方的嘉木，茶叶作为一种著名的保健饮品，是古代中国南方人民对中国饮食文化的贡献，也是中国人民对世界饮食文化的贡献。

中文学名：茶。

界：植物界。

门：被子植物。

纲：双子叶植物。

亚纲：原始花被。

目：山茶。

科：山茶。

分布区域：中国、印度、印度尼西亚、斯里兰卡、肯尼亚、乌干达和津巴布韦。

功效：强心、利尿、醒脑提神、减肥。

类别：常绿灌木或小乔木植物。

（2）茶叶的品种

① 红茶。

红茶是用采摘下来的茶树嫩枝芽叶，经过萎凋、揉捻、发酵、烘干而形成的具有特有的色、香、味的一种商品茶。

红茶又可细分为块红茶（如祁红、滇红、川红、越红等）、红碎茶（装成小袋茶等）和小种红茶。

② 绿茶。

绿茶是采用中小叶型的茶树嫩枝芽叶，经高温杀菌，制止酶对茶多酚的氧化作用，从而保持鲜叶绿色的一种商品茶。绿茶依干燥方法不同又可细分为炒青、烘青和晒青。

③ 花茶。

花茶是用制好的绿茶（主要是烘青）配入香花窨制而成的茶叶。

花茶具有不同的香型，花色品种多以加入的香花命名，如茉莉花茶、玉兰花茶、柚子花茶等。

④ 乌龙茶。

乌龙茶是红绿茶加工技术的结合，是半发酵茶的总称。先使茶树鲜叶局部轻度发酵，然后采用高温杀菌，制得的成品茶叶素有“绿叶红镶边”之说。

其主要品种有武夷岩茶、铁观音、台湾乌龙茶等。

⑤ 紧压茶。

用黑茶、晒青和红茶的副茶为原料，经蒸茶装模或装萎压制成砖、砣、饼形的再制茶，统称为紧压茶。

其主要品种有黑砖、茯砖、沱茶、普洱茶等。

步骤二：鉴别酒、茶的品质

1. 常见酒类的质量鉴别

（1）白酒的鉴别

① 色泽、透明度鉴别。

白酒应无色透明，无悬浮物和沉淀物。

② 香气鉴别。

方法 1：使用大肚小口的玻璃杯，将白酒注入杯中稍加摇晃，用鼻子在杯口附近仔细嗅闻其香气。

方法 2：倒几滴酒在手掌上，稍搓几下，再嗅手掌，鉴别香气的浓淡程度与香型是否正常。

白酒的香气可分为溢香、喷香和留香。

白酒的香气

溢香	酒的芳香或芳香成分溢散在杯口附近的空气中，用嗅觉即可直接辨别香气的浓度及特点
喷香	酒液饮入口中，香气充满口腔
留香	酒已咽下，而口中仍留有酒香

白酒不应该有异味，诸如焦糊味、腐臭味、泥土味、糖味、酒糟味等不良气味均不应存在。

③ 滋味鉴别。

白酒的滋味应有浓厚和淡薄、绵软和辛辣、纯净和邪味之别，酒咽下后，又有回甜和苦辣之分。

白酒的滋味评价以醇厚无异味、无强烈刺激性为上品。

以感官鉴别白酒的滋味时，饮入口中的白酒，应于舌头及喉部细细品尝，以识别酒味的醇厚程度和滋味的优劣。

（果酒）

（2）果酒的鉴别

果酒外观鉴别：应具有原果实的真实色泽，酒液清亮透明，具有光泽，无悬浮物、沉淀物和混浊现象。

果酒香气鉴别：果酒一般应具有原果实特有的香气，陈酒还应具有浓郁的酒香，而且一般都是果香与酒香混为一体。酒香越丰富，酒的品质越好。

（红酒）

果酒滋味鉴别：应该酸甜适口，醇厚纯净而无异味，甜型酒要甜而不腻，干型酒要干而不涩，不得有突出的酒精气味。

果酒酒度鉴别：我国国产果酒的酒度多在 12～18 度范围内。

（3）葡萄酒等果酒混浊、沉淀物的鉴别

混浊或沉淀物为胶体状，可能是果胶。

混浊或沉淀物为带有泡沫的胶体状，可能是酒被微生物污染所致。

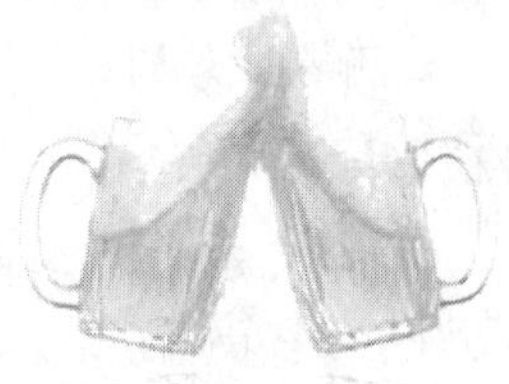
（啤酒）

沉淀物为沉淀于瓶底的无定形物，可能是过滤不严格，杂质漏入酒瓶所致。

（4）啤酒的鉴别

啤酒的鉴别

	良质啤酒	次质啤酒	劣质啤酒
色泽	☞ 酒液浅黄色或微带绿色 ☞ 不呈暗色，有醒目光泽，清亮透明 ☞ 无小颗粒、悬浮物和沉淀物	☞ 色淡黄或稍深，透明，有光泽 ☞ 有少许悬浮物或沉淀物	☞ 色泽暗而无光或失光 ☞ 有明显悬浮或沉淀物，有可见小颗粒，严重者酒体混浊
泡沫	☞ 注入杯中立即有泡沫窜起，起泡力强 ☞ 泡沫厚实且盖满酒面，沫体洁白细腻，沫高占杯子的1/2～2/3 ☞ 同时见到细小如珠的气泡自杯底连续上升，经久不失 ☞ 泡沫挂杯持久，在4分钟以上	☞ 倒入杯中的泡沫升起较高较快，色较洁白 ☞ 挂杯时间在2分钟以上	☞ 倒入杯中，稍有泡沫且消散很快，有的根本不起泡沫 ☞ 起泡者泡沫粗黄，不挂杯，呈冷茶水状
香气	有明显的酒花香气和麦芽清香，无生酒花味，无老化味，无酵母味，也无其他异味	有酒花香气但不显著，也没有明显的怪异气味	无酒花香气，有怪异气味
口味	☞ 口味纯正，酒香明显，无任何异杂滋味 ☞ 酒质清冽，酒体协调柔和，杀口力强，苦味细腻、微弱、清爽，无后苦，令人有再饮欲	☞ 口味纯正，无明显的异味 ☞ 香味平淡、微弱，酒体尚属协调，具有一定杀口力	味不正，淡而无味，或有明显的异杂味、怪味，如酸味、馊味、铁腥味、苦涩味、老熟味等，也有的甜味过于浓重，更有甚者苦涩得难以入口

（5）黄酒的鉴别

色泽鉴别：黄酒应是琥珀色或淡黄色的液体，清澈透明，光泽明亮，无沉淀物和悬浮物。

香气鉴别：黄酒以香味馥郁者为佳，即具有黄酒特有的酯香。

滋味鉴别：黄酒应醇厚而稍甜，酒味柔和，无刺激性，不得有辛辣酸涩等异味。

酒度鉴别：黄酒酒精含量一般为14.5%～20%。

2．十大名茶鉴别

十大名茶鉴别

类　型	产　地	特　点	假冒产品
西湖龙井	浙江杭州西湖区	茶叶为扁形，叶细嫩，条形整齐，宽度一致，为绿黄色，手感光滑，一芽一叶或二叶；芽长于叶，一般长 3 厘米以下，芽叶均匀成朵，不带夹蒂、碎片，小巧玲珑，味道清香	多是清草味，夹蒂较多，手感不光滑
碧螺春	江苏吴县太湖洞庭山	银芽显露，一芽一叶，茶叶总长度为 1.5 厘米，每 500 克有 5.8 万~7 万个芽头，芽为白色卷曲形，叶为卷曲清绿色，叶底幼嫩，均匀明亮	一芽二叶，芽叶长度不齐，呈黄色
信阳毛尖	河南信阳车云山	其外形条索紧细、圆、光、直，银绿隐翠，内质香气新鲜，叶底嫩绿匀整，清黑色，一般一芽一叶或一芽二叶	卷曲形，叶片发黄
君山银针	湖南岳阳君山	由未展开的肥嫩芽头制成，芽头肥壮挺直、匀齐，满披茸毛，色泽金黄光亮，冲泡时芽尖冲向水面，悬空竖立，然后徐徐下沉杯底，形如群笋出土，又像银刀直立。香气清鲜，茶色浅黄，味甜爽	青草味，泡后银针不能竖立
六安瓜片	安徽六安和金寨两县的齐云山	其外形平展，每一片不带芽和茎梗，叶呈绿色光润，其成品叶缘向背面翻卷，呈瓜子形，汤色翠绿明亮，香气清高，味甘鲜醇，滋味回甜，叶底厚实明亮	味道较苦，色比较黄
黄山毛峰	安徽歙县黄山	其外形细嫩稍卷曲，芽肥壮、匀齐，有锋毫，形状有点像“雀舌”，叶呈金黄色；色泽嫩绿油润，香气清鲜，水色清澈、杏黄、明亮，味醇厚、回甘，叶底芽叶成朵，厚实鲜艳	呈土黄，味苦，叶底不成朵

续表

类　型	产　地	特　点	假冒产品
祁门红茶	安徽省西南部黄山支脉区的祁门县一带	外形条索紧秀、金毫显露，色泽乌黑鲜润泛灰光，俗称“宝光”。香气浓郁高长，似蜜糖香，又蕴藏有兰花香，滋味醇厚，味中有香，香中带甜，回味隽永，汤色红艳，叶底嫩软红亮	假茶一般带有人工色素，味苦涩、淡薄，条叶形状不齐
都匀毛尖	贵州都匀县	又名“白毛尖”、“细毛尖”、“鱼钩茶”，是黔南三大名茶之一。“三绿透三黄”是毛尖茶的特色，即干茶色泽绿中带黄，汤色绿中透黄，叶底绿中显黄。茶叶嫩绿匀齐，细小短薄，一芽一叶初展，形似雀舌，长 2～2.5 厘米，外形条索紧细、卷曲，毫毛显露，色泽绿润，内质香气清嫩、新鲜、回甜，水色清澈，叶底嫩绿匀齐	假茶叶底不匀，味苦
安溪铁观音	福建安溪县	是乌龙茶的极品，叶体沉重如铁，形美如观音，多呈螺旋形，色泽砂绿，光润，绿蒂，具有天然兰花香，汤色清澈金黄，味醇厚甜美，入口微苦，立即转甜，耐冲泡，叶底开展，青绿红边，肥厚明亮，每颗茶都带茶枝	假茶叶形长而薄，条索较粗，无青翠红边，叶泡三遍后便无香味
武夷岩茶	福建崇安县	外形条索肥壮、紧结、匀整，带扭曲条形，俗称“晴蜓头”；叶背起蛙皮状砂粒，俗称“蛤蟆背”；叶底匀亮，边缘朱红或起红点，中央叶肉黄绿色，叶脉浅黄色。香气馥郁、隽永，滋味醇厚回苦，润滑爽口，汤色橙黄，清澈艳丽，耐泡 6 次以上	假茶开始味淡，欠韵味，色泽枯暗

步骤三：营业准备

活动一：清洁

1．清洁销售区域及设施设备

销售人员在开始营业前，要对卖场环境和设施设备，即地面、墙面、通道、货架、展示柜、展示台、摆设等进行清洁，力求为顾客创造一个良好、舒适的购物环境。

清洁卖场及设施设备应做到：

① 无垃圾。

② 无杂物。

③ 无污渍。

④ 无死角。

⑤ 玻璃、窗户擦拭明亮。

2．清洁商品

在销售之前，销售人员应对即将销售的商品（含样品）进行检查、清洁，便于顾客选购。

清洁商品应做到：

① 商品无损坏。

② 外观无破损。

③ 表面无灰尘、污渍。

活动二：商品陈列

1．酒品的陈列方法

酒品陈列是酒水销售中一个很重要的环节，利用商品摆放缩短买卖双方的距离，是营销的有效方法之一。

左右结合，吸引顾客，是商品摆放的一个技巧。通常，顾客进入商场后，目光会不由自主地首先射向左侧，然后转向右侧。

1）酒水陈列赢利的 15 大原则与标准

据调查：在超市内有展示的商品比无展示的同种商品销售额要高出几倍。70%的购物者认为良好的陈列会促使他们购物，只有 8%的顾客认为购物不受陈列影响。由此可以看出好的陈列不仅能营造好的销售氛围，更能够实现赢利。根据八部营销策划公司长期的实践操作，总结出酒水陈列赢利的 15 大原则与标准。

（1）最大化陈列原则

商品陈列的目标是占据较多的陈列空间，尽可能增加货架上的陈列数量。

（2）垂直集中陈列原则

因为人们的视觉习惯是先上下、后左右，所以垂直集中陈列符合人们的习惯视线，可使商品陈列更有层次、更有气势。

（3）下重上轻原则

将重的、大的商品摆在下面，而将小的、轻的商品摆在上面，以便于消费者拿取，也符合人们的习惯审美观。

（4）全品项陈列

尽可能多地把一个公司的全品项分类陈列在一个货架上，既可满足不同消费者的需求，增加销量，又可提升公司形象，增大商品的影响力。

（5）满陈列原则

要让自己的商品摆满陈列架，做到满陈列。

（6）陈列动感原则

在满陈列的基础上要有意拿掉货架最外层陈列的几个产品，这样既有利于消费者拿取，又可显示产品良好的销售状况。

（7）重点突出原则

在一个堆头或陈列架上陈列一系列产品时，除了全品项和最大化之外，一定要突出主打产品的位置，让顾客一目了然。具体以什么产品为重点，要根据不同市场或不同超市的具体情况而定。

（8）统一性原则

所有陈列在货架上的产品，标签必须统一将中文商标正面朝向消费者，可达到整齐划一、美观醒目的展示效果，商品整体陈列的风格和基调要统一。

（9）整洁性原则

保证所有陈列的商品整齐、清洁。

（10）价格醒目原则

标示清楚、醒目的价格牌，是增加购买力的动力之一，既可增强产品陈列的宣传告示效果，又可让消费者买得明白。

（11）先进先出与最低储量原则

按出厂日期将先出厂的产品摆放在最外一层，最近出厂的产品放在里面，避免产品滞留过期。

（12）色彩对比原则

商品陈列虽然很容易做到色彩斑斓，但品种多了就容易给消费者造成一片花花绿绿的视觉感受，不知所以然。好的陈列要将色彩有机地组合，使其相得益彰。

（13）利用空间原则

利用空间进行陈列，不仅可以直接增加商品陈列面积，而且可以加强陈列的生动性，并能达到最大化原则。

（14）最佳生动化原则

必须体现陈列展售的四要素：位置、外观（广告、POP 的配合）、价格牌、产品摆放次序和比例，并根据商品特点及展售地点环境进行创意设计。

（15）堆头规范原则

不管是批发市场的堆箱陈列还是超市的堆头陈列，都应该遵循整体、协调、规范的原则。特别是超市堆头往往是超市最佳的位置，是商家花高价买下做专项产品陈列的，从堆围、价格牌、产品摆放到 POP 配置都要符合上述陈列原则。

2）常见酒类的陈列要点

（1）啤酒的陈列

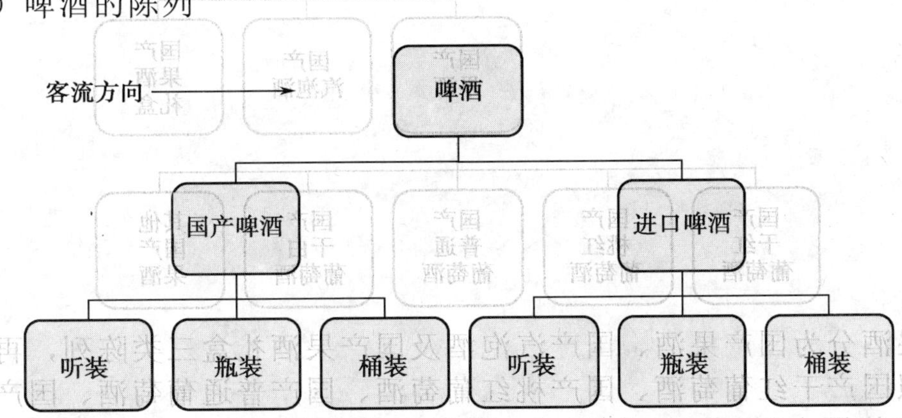

先将国产啤酒和进口啤酒分开陈列，再分别按照听装、瓶装及桶装陈列，小规格在上，大规格在下，相同包装商品品牌集中陈列（最下层可用于整箱陈列）。

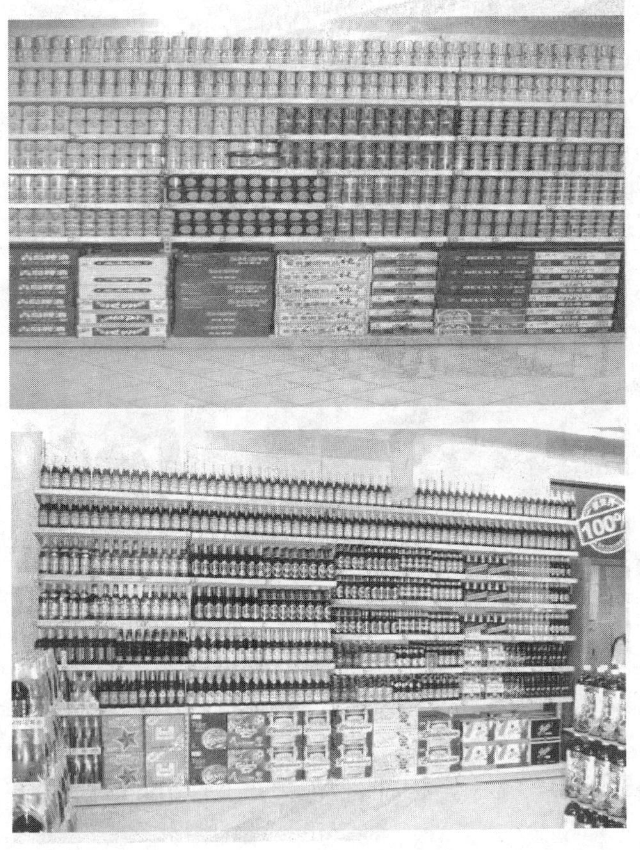

（2）果酒的陈列

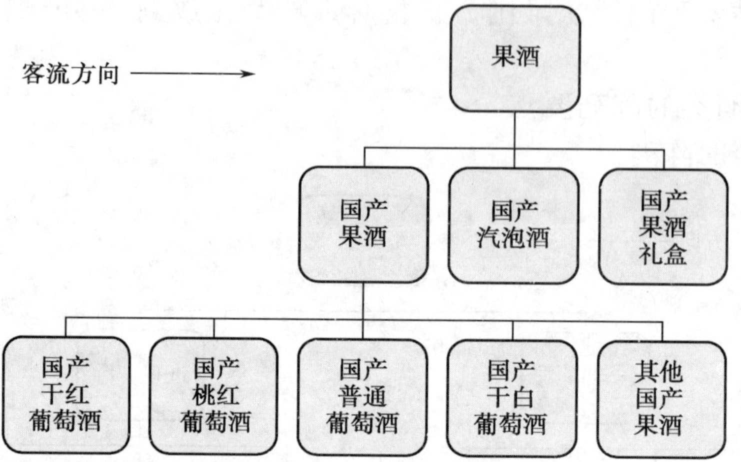

将果酒分为国产果酒、国产汽泡酒及国产果酒礼盒三类陈列，再将国产果酒按照国产干红葡萄酒、国产桃红葡萄酒、国产普通葡萄酒、国产干白葡萄酒及其他国产果酒的顺序陈列。同类商品品牌相对集中陈列，小规格在上，大规格在下（部分畅销商品可在最下层做整箱陈列）。

葡萄酒的陈列方法：

① 正常情况下一般是倾斜 45° 摆放或者平放，倒着放的不多，只要能让酒体与橡木塞接触，保持橡木塞湿润就可以了。

② 如果条件许可，应放置于恒温柜里。没有恒温柜，也应尽量放在阴暗、干燥、通风的地方，避免光线的照射和湿度太大（一般低于70%）。光线照射会使酒体，过分氧化，而湿度太大会使橡木塞发霉，影响酒质和酒香。

（3）烈酒的陈列

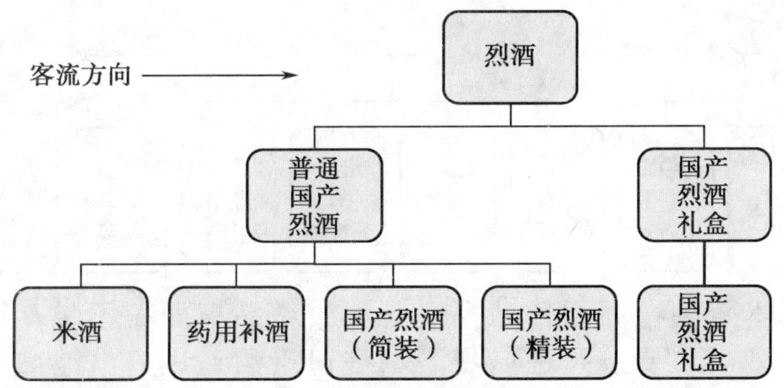

烈酒按照包装即普通国产烈酒和国产烈酒礼盒分别陈列，在普通国产烈酒中再按照米酒、药用补酒、简装国产烈酒和精装国产烈酒陈列。同类酒品牌要集中陈列，按价格由低到高的顺序陈列（国产名酒在精品柜中陈列）。

（4）进口酒的陈列

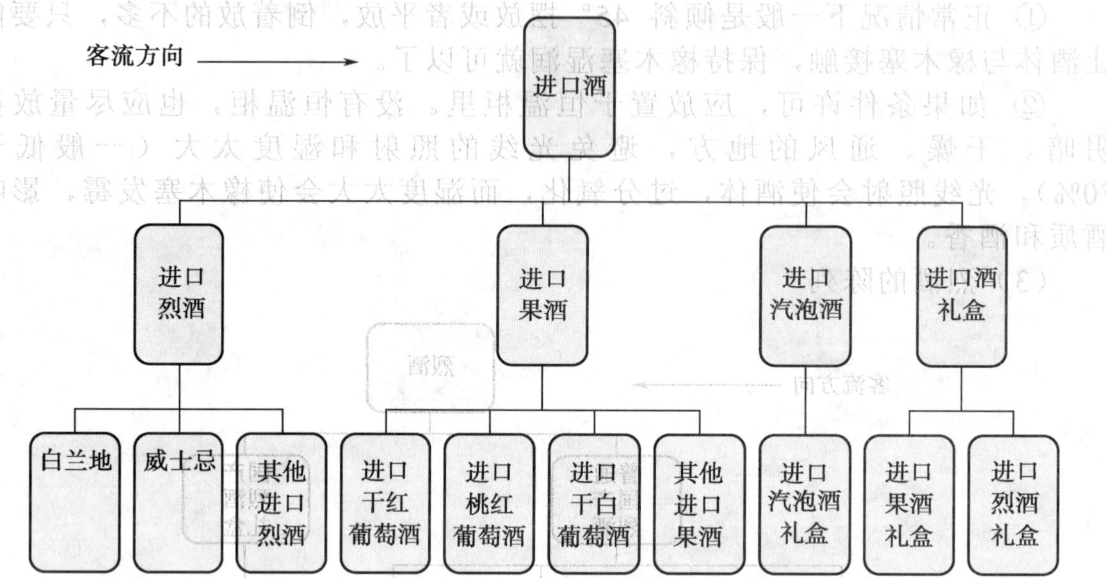

进口酒基本陈列在烟酒精品柜内，如果精品柜面积不足，可安排在精品柜对面货架陈列。主要按照进口烈酒、进口果酒、进口汽泡酒及进口酒礼盒的分类来陈列。在每类商品中再按照价格由低到高的顺序陈列。

2．茶叶的陈列方法

有效的商品陈列可以刺激消费者的购买欲，并促使其采取购买行动。因此，在陈列商品的时候，必须充分展现出商品的美感，营造一种温馨、明快、浪漫的氛围，以吸引顾客。

一是“易”，即易拿易取。

二是“集”，即集中摆放。

三是"价"，即明码标价。
四是"亮"，即亮度足够。
五是"洁"，即卫生整洁。
六是"齐"，即品种齐全。

学生工作指引

任务 4.1 营业前准备

班级： 组别： 姓名： 指导教师： 项目课时：

工作任务	营业前准备
任务内容	1. 认识酒、茶 2. 鉴别酒、茶的品质 3. 清洁卖场及商品 4. 陈列酒、茶类商品
工作过程	步骤一：认识酒、茶 学生描述酒、茶的相关商品知识 步骤二：鉴别酒、茶的品质 学生运用各种方法辨识不同种类的酒、茶类商品 步骤三：描述正确清洁销售卖场的范围、标准及方法 步骤四：陈列酒、茶类商品 教师提供酒、茶类商品模型，学生根据商品特征、顾客消费习惯、陈列方法摆放商品

效果评价

任务 4.1　营业前准备

班级：　　　　组别：　　　　姓名：　　　　指导教师：　　　　项目课时：

工作任务	工作过程	成绩评定
职业素养	按时出勤，课堂表现好（10 分）	
	仪容仪表符合职业规范（5 分）	
	具备良好的团队合作精神（5 分）	
步骤一	认识酒、茶（10 分） 描述酒、茶的相关知识：	
步骤二	鉴别酒、茶的品质（20 分） 鉴别酒的方法： 鉴别茶的方法：	
步骤三	描述正确清洁卖场的范围及标准（10 分）	
步骤四	商品的陈列（40 分） 如何陈列白酒： 如何陈列葡萄酒： 如何陈列洋酒：	

续表

工作任务	工作过程	成绩评定
学习体会	1．完成工作任务后你有什么收获？ 2．在完成工作任务的过程中，你遇到了哪些问题？有什么建议？	
成绩评定	指导教师签字： 年　月　日	总分

任务4.2 销售酒、茶类商品

任务描述

营业前的准备工作已经做好了，张玲开始了她的销售工作。她明白，在酒、茶这类特殊的商品销售中，要熟悉商品的特征，运用各种方法、技巧，针对不同的顾客展开销售活动。

任务要求

知识要求

① 能够描述酒、茶类商品的销售技巧。

② 能够描述成交后的服务内容。

能力要求

① 能够在销售过程中运用销售技巧，提出销售方案。

② 能够迅速开票，促成成交。

③ 能够对销售商品进行包装。

情感要求

① 培养学生踏实肯干、吃苦耐劳、乐于钻研的工作精神。

② 培养学生的亲和力和人际交往沟通能力。

任务分析

张玲立刻投入了酒、茶类商品的销售工作中。她按照《商场工作指

引》给出的步骤，从了解销售技巧开始，然后分析顾客的心理，适时地为顾客提供销售方案，刺激顾客的购买欲望。

实施步骤

步骤一：酒、茶类商品的销售

1．控制声音

（1）语调、语速的作用

声音在酒、茶类商品的销售中起到了至关重要的作用。

慢语速。慢的语速使一切事情都变得轻松随意。一般我们在向客户介绍产品、服务和回答问题时，应采用慢或较慢的语速，以便让客户听清楚、听明白。

快语速。快的语速使听者有种紧迫感，因此，在交谈中不宜使用。在结单时我们则应采用快语速，这能帮助客户快下决定。

（2）音调、声调的作用

在谈话时，不要保持单一的声调，抑扬顿挫最能提起客户的兴趣，给人热情洋溢的感觉。当然，也不是要求在整段对话中始终保持一致的韵律，重点是开场白的问候语，应略微提高音调，加重语气，先“声”夺人，一下就把客户吸引过来。

在介绍和交谈中可恢复平常的谈话速度和语气。当客户对销售员提及的内容缺乏反馈，保持沉默时，这很大程度上就意味着客户没有兴趣聆听或持怀疑态度，这时就应该提高声调，在一些关键词上加强语气。例如：

“促销期到5号（重语气）就结束了。”

“购买产品我们会提供现金抵用券（重语气），再次购买时可当现金使用（重语气）。”

“你觉得这建议如何……”

另外，个人的情绪会影响到声音，一个精力充沛、热情洋溢的销售人员，他的声音一定是活泼、有力、对客户具有感染力的。所以销售员在工作时，一定要放弃一切私人的不愉快情绪，想象自己是在给一位好友推荐性价比最好的产品，别忘了还要带上微笑。平时多照照镜子，时时提醒自己微笑。

2．有效提问（寻找客户需求）

（1）提开放性的问题

例如：

“您平时都喝什么茶？”

“您喝这酒感觉如何？”

“您都喝过哪几种红酒？”

这样的提问使客户必须回答较长的句子，以便销售员了解客户的情况和想法，并且在此基础上把话题扩大、加深，这样销售员就有更大的发挥空间，引导客户往销售员所希望的方向发展。

应尽量避免“是不是”、“好不好”、“对不对”这样的提问。客户的回答通常是“是”、“不是”、“对”、“不对”、“好”、“不好”，无法让客户说出更多的内容。

（2）完整回答一个再提下一个

如果同时提多个问题，会使客户回答了一个而忘了另一个，或者使客户因不知如何回答而产生逆反心理。提问时要讲究循序渐进的方式。

一个新手往往会这样做：

① 在完全不了解客户需求的情况下，一开始就盲目地介绍公司或产品如何好、历史如何悠久等，尽管介绍得很认真、很精彩，但假如这些都不是客户真正想要的，那接下来的整个销售过程就会受影响，成交率就会大大降低。

② 对客户的问题没有层层深入。例如，在不知道客户是否喝过同类产品之前告诉客户产品的性价比更优越，客户怎能有可比的参照物?在还不知道客户购买意向之前推荐产品，怎么知道客户能否购买呢?

一个熟练的销售员就会这样做：

① 通过提问式交谈了解客户的情况和想法。

② 先说明原因，再提问。为提问找个好理由，是能否取得满意答案的先决条件，当客户了解到提问的原因是合理的甚至是有利的时，将非常愿意配合你。例如，年龄是女人最不愿意泄露的秘密，但是如果告诉她了解年龄是为了登记资料申请领取 VIP 卡，相信没人会拒绝。又如，告诉客户“我们最近有些促销活动，觉得挺适合您的”，与客户分享资源，再问意见。

（3）学会聆听

销售员要学会聆听，从聆听中了解客户的真正想法、要求、现状、经历，同时也要学会表现自己，让客户听你的“话”。

以上这些都将帮助我们找到切入点，挖掘购买能力，迅速成交。

在交谈过程中应注意以下几点：

① 尊重客户。

无论对方是专业人士还是对产品一窍不通，无论是老板级人物还是普通人员，无论是怒气冲冲还是温文尔雅，作为销售员都应尊重客户并且礼貌待客。

因为客户所提及的问题，都会直接或间接地影响我们的生意。准确地了解，及时地给予解决，客户不仅仅会记住你，而且还会对企业抱以肯定。

② 保持耐心。

很多时候，不同的客户反映的问题是相同或相似的。这时你就要怀着高度耐心去聆听，而不能中途打断。

要知道你熟悉的企业情况、产品特点和售后服务，作为客户不一定了解。因此，我们应该耐心地聆听，并给予解释和帮助。

③ 专心致志。

如果不是很重要的电话或事情，应与客户谈完后再安排和处理。

如果身边确实有必须马上处理的事情，并且时间不长，就应该直接对客户说：“对不起，我这边有点急事，处理一下马上过来，请您稍等。”

如果是很重要的电话，就应该直接对客户说：“对不起，我接下电话，给我10秒钟，请您稍等。”

你这样做了，相信客户一定会理解的。

④ 认同客户。

在聆听客户的同时要认同客户，并且向客户表达感谢。你可以这么说：

“我很同意您对产品的评价和看法。”（交流产品时，对客户提出的意见，不能直接或当面反驳，反驳了他，就等于拒绝了他的生意。）

“对极了，我们也正在朝着这个方向努力。”（交流到服务时，对客户提出的意见，要热心接受和采纳，反对了他，就等于拒绝了他的到来。）

“我非常了解你的感受。”（当客户谈到其他同行的不足时，如果他曾经受过委屈，你要附和他的感受。）

这样会使客户觉得被尊重，并且愿意继续光顾。

通过以上技巧，你可以基本了解到顾客的想法、要求、经历、现状以及购买能力，这样你就能更准确地找到客户的需求了。

3．满足客户需求

（1）听取客户反馈

客户提供信息后，抓住机会提问“为什么”，真正达到同客户的互动。

（2）满足客户的提问

在同客户沟通的时候，首先销售员要掌握客户的想法与建议，然后再一一给予回答，从而顾及客户的感受。要让客户感觉你是在同他探讨问题，而不仅仅是推销。

4．促成交易

（1）清晰定位

当向客户推荐产品时，销售员就要开始对整个销售进行定位。有三件事必须做到：

① 清楚你能为客户提供什么。

② 清楚你的产品能为客户带来哪些利益。

③ 说服、引导客户，促成交易。

（2）定位阶段的注意事项

在定位阶段，销售员在语言表达上应该注意以下几点。

① 条理清楚，遵循循序渐进的方式。

以茶叶为例，先介绍该产品的特点，然后再突出性价比，在此基础上进一步介绍能给客户带来的利益。

② 快速综合并总结客户的欲望点。

客户往往对购买产品后的增值服务最关心。在最后阶段，假如客户还有些犹豫，可以给出一些优惠方案，提高客户的购买欲，从而让客户快下决定。买了产品，又能得到多重好处，还有谁会拒绝呢？

（3）时时核对细节问题

我们在推荐产品和定位客户需求的过程中，要时时记住核对。

① 为何要核对？

要让客户也自然地融进销售的每个环节和每个细节。不要让客户感觉只是你一味在诉说，在推销；要让客户感觉双方是在研究，是为解决同一个问题而努力。

在核对的过程中，客户可能会道出更多的想法。要知道，客户所想的远比你说的更重要。

在核对的过程中，你可以更深入地了解情况，并随时调整方向。

② 何时进行核对？

- 当你回答完一个问题后，就可以简要地将内容概括一遍，问客户是否理解。例如：

"我的解释清楚吗？"

"这样回答你的问题了吗？"

- 通过有效地进行核对，就能确定客户定位准确与否。例如：

"这些服务你满意吗？"

“这能满足你的需求吗？”

- 当客户还在沉默时，用开放式的问题进行核对，以便确认客户是否诚心。例如：

“那你的看法怎样？”

- 当客户表示出成交的信号时，你应及时地用行动进行核对，以便快速成交，如运用二选一或直接的确定法。

5．怎样通过看人进行商品销售

（1）顾客表示“我没想买，只是看看”

其实这是一种托词，店员不必计较。当他看到喜欢的商品后，一般会看好就买。这一类顾客还是比较容易对付的。

（2）对你的介绍不理睬，看起来比较冷淡，持有怀疑心

其实他们在细心倾听，从店员的举动中估量对方是否真诚，可信度如何？这类客户喜欢审视别人，但判断大都正确，非常自信。店员不要胆怯，要自信，实打实地介绍，多进行推心置腹的情感交流，使对方产生共鸣，只要对方认可你，就会购买你的产品，这种人往往会成为回头客。

（3）年轻人

酒和茶叶都是既传统又时尚的商品。通过交谈使他们佩服店员的文化底蕴和品位，从而对这类商品产生兴趣，动员其购买。

（4）中年人

中年人实在，有经验，对店员毫不在乎，也不重视推销的商品，通常不发一言，有时也会提出一些让店员难以解答的问题。店员千万不能蒙混过去，如果问题得不到合适的解释，他们不会购买。

店员应用心在意，小心地为他们解决问题。对酒、茶叶进行说明时，要说得全面和完整。有时也可以沉默，等顾客提一些问题，再做解答。等其有购买的意愿时，再强调商品的优点，乘胜追击。

（5）木讷老实的客人

店员绝对不能欺骗这类顾客。只要一次购买后，认为对他有利或者觉得你坦诚，他会一直购买。但只要有一次欺骗了他，他会永远拒绝你的推销。

（6）老年顾客

对这类顾客，要诚恳，不能多说话，更不能抢话头，要全心倾听他们的话。要让他们觉得你诚实，对你产生好感。

（7）文化素质比较高的顾客

这类顾客会先仔细分析店员的言行真诚与否，再决定是否购买。他们有时对店员很挑剔，爱审视别人。店员也许会感到压抑，但不要放弃。其实他们极易被说服，只要店员在销售上突出品种特色，他们很快就会购买，他们内心最难忍受的是店员冰冷的精神面貌。

总之，店员要以言语打动人，让想买酒和茶叶的人立即就买，让不想买的顾客做出买的决定，如果说话不到位，就会适得其反。有时站在顾客的立场上说话，更能激发顾客的认同感。

6．建立关系

销售人员要建立客户对自己的信任感，首先要有坦诚的态度，对客户的感受表示认同，对客户所面临的困境报以关切，并显示出积极的态度予以解决。销售员同客户交往过程中建立的关系，可以归纳为如下三种。

（1）业务关系

通过他人介绍或者由销售员随机接听客户来电。

在这样的情况下，销售员同客户只能建立业务关系。把工作重心放在及时的交易项目上。往往企业或门店对销售人员的业绩考评也是以成交率为主要指标的（也就是销售额）。所以销售员没有必要将时间花费在聊家常上。

（2）商务关系

销售人员将那些成熟的、订量大并循环订购的客户定位成“商务伙伴”。双方的成长都依赖于对方的发展。在这种关系下，销售人员往往扮演着“顾问”的角色。当双方熟悉以后，谈话可以轻松随意，不需要太过拘谨，当然礼貌还是要注意的。平时致电的频率也不需要太高，除非是处理具体的预订产品，否则每周一次的问候足矣，以免给客户造成受骚扰的感觉。

（3）个人关系

如果客户同销售员之间成了朋友，那么客户就不再心存戒备，会同销售员畅所欲言。无论是长期大客户还是一次性消费的客户，都应该保持个人关系。

行业中有很多促进销售的活动。例如，销售人员通过电话拜访，了解到客户领导的生日，在他生日那天寄上一份小礼物。这个活动很成功，为安排高层拜访打通了道路，许多客户领导都在繁忙的日程表中为销售员留出了时间。在重点同大客户保持个人关系的同时，也应适当顾及那些小的客户，他们可以间接地给予我们帮助。

总之，从客户需求了解到做出响应，及时引导客户购买，并且确保准确无误，这绝对是个短、平、快的操作。

步骤二：酒水的特征推销

每种酒都有其自身的特征，拥有不同的颜色、气味、口感，在饮用上也有不同的要求，同类酒由于出产地和年份不同，其口味和价值也有差异。因此，酒水推销最直接、最关键的是推销人员要熟悉酒水及经营知识，并根据各自的特点向客人推销，这种方法容易被客人接受。

1．葡萄酒的推销

（1）根据葡萄酒的饮用特点推销

葡萄酒的饮用非常讲究，首先不同颜色的酒，其饮用温度要求不同；其次，葡萄酒用杯容量不同；最后，葡萄酒与菜肴的搭配要求不同。只有服务人员掌握了葡萄酒的这些饮用特点，并根据这些特点向顾客推销，才能使顾客认识到服务人员的专业性和真诚。

（2）推销高档名贵的葡萄酒

推销程序：酿制年份久远的葡萄酒→世界著名产地的名品葡萄酒→当地人们熟悉的品牌。

2．香槟酒的推销

香槟酒奢侈、诱惑、浪漫，能把人带进一种纵酒豪歌的豪放气氛中。香槟酒适合于任何喜庆的场合。服务人员或调酒师要善于察言观色，向在生意场上获得成功或有喜事的宾客不失时机地推销这类酒品。

推销员还可利用香槟酒的特点来创造酒吧活动的特殊气氛，如开香槟时发出清脆的“砰”声，象征胜利的礼炮；开瓶后，用拇指压住瓶口使劲摇后让酒喷洒，表达喜悦之情。

香槟酒的推销在于推销人员掌握香槟酒的服务技巧和捕捉顾客的心理。

3．啤酒的推销

啤酒首先要根据饮用特点推销。

鲜啤酒一般为地方性啤酒，与瓶装啤酒相比成本低，利润高。顾客饮用鲜啤酒，一方面要品尝地方风味，另一方面对名品啤酒兴趣更大，如青岛、百威、嘉士伯、皮尔森等。

其次要通过服务技巧来推销啤酒。

啤酒中含有二氧化碳气体，酒体泡沫丰富，啤酒的斟倒更具有技巧性。

啤酒泡沫不能太多，也不能太少。泡沫太多就会使杯中的啤酒较少，客人会不满意；太少又显得没有气氛。

4．威士忌的推销

（1）按产地推销威士忌

威士忌因产地不同，品牌较多。最著名的威士忌大多产在苏格兰、爱尔兰、美国和加拿大。最著名的品牌有苏格兰的红方、黑方、白马，爱尔兰的尊占臣、老布什米尔、帕地，美国的吉姆宾、老祖父、野火鸡、积丹尼、四玫瑰、七冠土，加拿大的加拿大俱乐部、施格兰特醇等。

（2）按饮用习惯推销

威士忌一般习惯于用 1.5 盎司的酒加冰和加水（矿泉水、苏打水）后饮用。目前大多按这种习惯来服务。

5．白兰地的推销

（1）根据产地推销

法国科涅克地区所产白兰地是目前世界上最好的白兰地，因为科涅克地区的阳光、温度、气候、土壤极适于葡萄的生长，所产葡萄的甜酸度用来蒸馏白兰地最好。另外，科涅克的蒸馏技术也是无与伦比的。

（2）根据品牌推销

白兰地很多著名品牌人们都很熟悉，可以利用这一特点进行推销。著名品牌有：百事吉、奥吉尔、金花、轩尼诗、人头马、御鹿、拿破仑、长颈、大将军、金马、金像。

（3）根据酒龄锥销

白兰地陈酿的时间越长，纯酒精损失得越多，每年约为 2%～3%。因此，白兰地的酒龄决定了白兰地的价值，陈酿时间越久，质量越好。

6．鸡尾酒的推销

（1）根据鸡尾酒的色彩推销

鸡尾酒的色彩是最具有诱惑力的，推销人员可根据其色彩的组合，向客人介绍色彩的象征意义等。

（2）根据鸡尾酒的口味推销

鸡尾酒的口味对中国人来说，可能最初有不适应的地方，但是，当今世界上有各种流行口味可让顾客了解，如偏苦味、酸甜味等，以促进鸡尾酒的消费。

（3）根据鸡尾酒的造型推销

鸡尾酒的造型表达不同的含义，突出酒品的风格，推销人员可通过对造型的说明向客人推销。

（4）推销著名的鸡尾酒品

尽管人们对鸡尾酒不太熟悉，但是对一些著名的酒品，人们可能都听说过，如马丁尼、曼哈顿、红粉佳人等，可以通过典故来描述其特征和特殊效果。

（5）通过调酒师的表演来推销

调酒师优美的动作、高超的技艺能给予顾客赏心悦目的感受。顾客在欣赏调酒师精彩的调酒技巧的同时，会对调酒师及鸡尾酒产生浓厚的兴趣和依赖感，这样就能达到推销的目的。

步骤三：开票、包装

1．开票

成交以后，销售人员需要立刻为顾客开具销售小票，迅速地完成交易。

2．包装

成交付款以后，因为酒、茶类商品的特殊性，营业人员应对这类商品进行专门的包装，以便顾客提取、携带。

（1）包装要求

① 商标均朝外。

② 包装松紧适度。

③ 保证商品的安全性。

（2）包装的方法

① 直线包装法。

● 剪裁包装纸。

其方式有二，一是将物品放置于包装纸上，大致试裹一下，然后折痕或画线，再剪裁。此法简便易行，但尺寸不够精确，适于业务繁忙时采用。二是用直尺测量物品的长（A）、宽（B）、高（C），经计算后裁剪，公式如下：

包装纸长度=（$2B+2C+3$）厘米

包装纸宽度=（$A+2\times2/3C$）厘米

- 将盒放于包装纸的反面，纸的一端折向盒面，并用透明胶固定。再在包装纸长度的另一端贴上双面胶后，把包装纸紧贴礼盒整齐地包上一周。要做到松紧适度、接缝严密。
- 紧贴盒子的边缘，先左右折入，再上下折入。下侧的纸折入先前贴上双面胶的地方，再与上方相结合。要做到棱角分明、松紧适度、规整服帖。
- 以同样方法包好另一面，这样整个包装过程就完成了。注意包好后，盒子的表面应看不见胶纸。

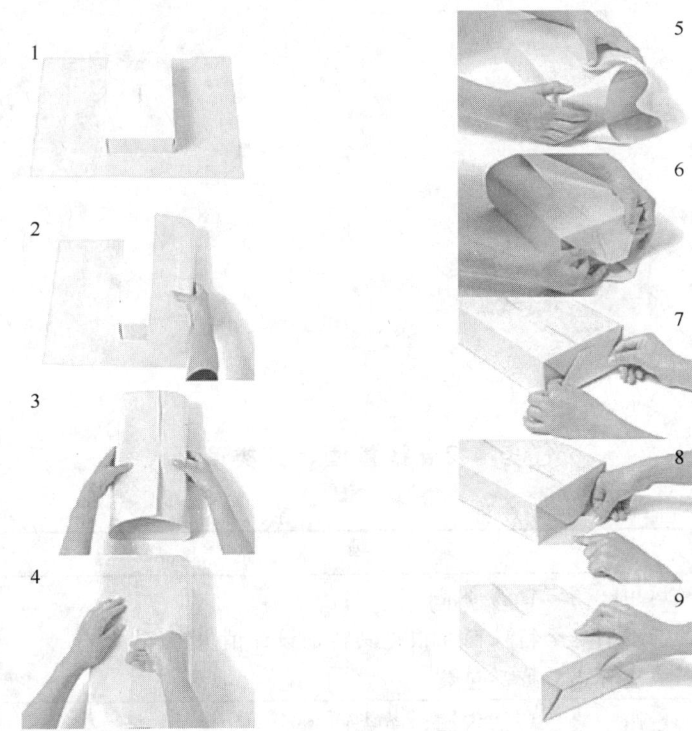

② 斜线包装法。

- 剪裁包装纸。

长度=（$2A+B$）厘米

宽度=（$2B+3$）厘米

- 盒子呈斜角放置于包装纸反面的对角线上，纸的角度对准盒子的左角，侧面的覆盖部分约留 2 厘米。
- 依盒子的两侧边缘的角度折，再以侧面的纸盖住盒子，此时纸的折出角度应配合盒子边缘。
- 右角的折法同上，右侧的纸盖住盒子，再将纸的对侧向盒子的延长线处折，两侧贴上双面胶后折向盒子，这样整个过程就完成了。

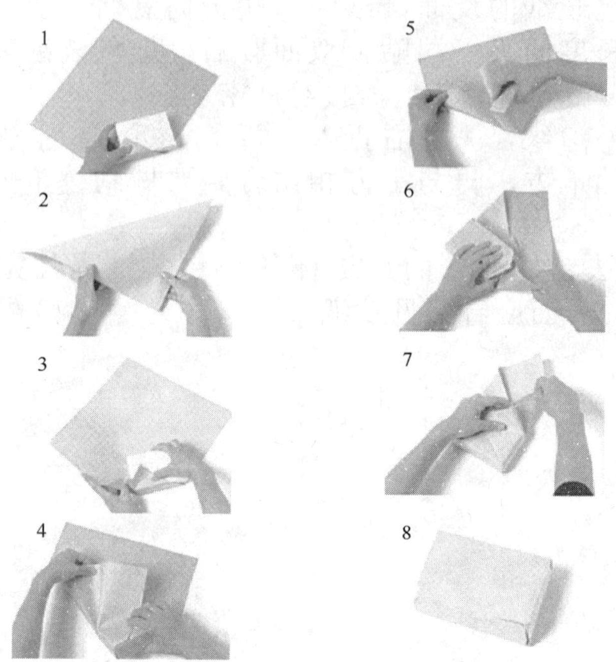

学生工作指引

任务 4.2　销售酒、茶类商品

班级：　　　　组别：　　　　姓名：　　　　指导教师：　　　　项目课时：

工作任务	销售酒、茶类商品
任务内容	1．运用技巧，销售商品 2．针对酒这类特殊商品根据其特征设计销售方案 3．成交开票、商品包装
工作过程	1．运用一般技巧销售酒、茶类商品 ① 控制音量 ② 有效提问 ③ 满足顾客需求 ④ 促成交易 ⑤ 看人销售 ⑥ 建立关系 2．针对酒这类特殊商品根据其特征设计销售方案 描述各种酒的商品特征，根据其特征设计销售方案 3．成交开票、包装 ① 正确填写销售小票 ② 使用正确的方法，为顾客包装商品

效果评价

任务 4.2　销售酒、茶类商品

班级：　　　　　组别：　　　　姓名：　　　　　指导教师：　　　　　项目课时：

工作任务	工作过程	成绩评定
职业素养	按时出勤，课堂表现好（10 分）	
	仪容仪表符合职业规范（5 分）	
	具备良好的团队合作精神（5 分）	
步骤一	运用销售技巧销售商品（30 分） 根据教师所给出的模拟环境及背景资料，现场进行销售演示	
步骤二	针对酒这类特殊商品设计销售方案（30 分） 教师给出一种酒，学生根据这种酒的特征，设计一份销售方案	
步骤三	成交开票、包装（20 分） ① 填写销售小票 ② 教师提供商品实物，学生根据商品，选择正确、适合的包装方法，对其进行包装	
学习体会	1．完成工作任务后你有什么收获？ 2．在完成工作任务的过程中，你遇到了哪些问题？有什么建议？	
成绩评定	指导教师签字： 年　月　日	总分

任务 4.3　顾客信息归档

任务描述

张玲通过一段时间对酒、茶类商品的销售，深知这类商品的销售关键在于顾客的积累，所以顾客的信息归档是一项极为重要的工作。勤奋好学的她，当然不会让自己欠缺这方面的知识和技能，所以她开始了这一任务的学习过程。

任务要求

知识要求

① 能够描述顾客档案的管理对象。

② 能够描述顾客档案采集的内容。

③ 能够描述顾客档案的管理方法。

能力要求

① 能够辨识顾客档案采集的对象。

② 能够设计顾客资料卡。

③ 能够运用顾客档案管理办法对顾客档案实施管理。

情感要求

培养学生的亲和力和人际交往沟通能力。

任务分析

张玲找到了李阳，询问如何开展顾客信息归档工作。李阳告诉她，要做好顾客信息管理工作，首先要找准对象，并制作顾客信息卡，然后采集顾客信息，最后还得对采集来的顾客信息通过科学的管理方法进行分析、归档。

实施步骤

步骤一：客户档案管理对象

客户档案管理的对象就是企业的客户，即企业过去、现在和未来的直接客户与间接客户。它们都应纳入企业的客户管理系统。

① 按时间划分，客户可分为老客户、新客户和未来客户，如下表所示。

按时间划分客户

<table>
<tr><td rowspan="3">按时间划分</td><td>老客户</td><td>巩固</td></tr>
<tr><td>新客户</td><td rowspan="2">} 重点管理对象</td></tr>
<tr><td>未来客户</td></tr>
</table>

② 按交易过程来划分客户，如下所示。

交易前	交易中	交易完成
即将交易的客户	交易中的客户	完成或曾经交易的客户

对于第一类客户，档案管理的重点是全面搜集和整理客户资料，为即将展开的交易业务准备资料；对于第二类的客户，应逐步充实和完善其档案管理内容；对于第三类客户，不能因为交易中断而放弃对其的档案管理。

③ 按客户性质来划分，如下表所示。

按性质划分客户

按客户性质划分	政府机构	以国家采购为主
	特殊公司	与本公司有特殊业务等
	普通公司	
	顾客	个人

不同客户因其性质、需求特点、需求方式、需求量等不同，对其实施的档案管理的特点也不尽相同。

④ 从交易数量和市场地位来划分，可分为主力客户（交易时间长、交易量大等）、一般客户和零散客户。

不言而喻，客户档案管理的重点应放在主力客户上。总之，每个企业都或多或少地拥有自己的客户群，不同的客户具有不同的特点，对其的档案管理也具有不同的做法，从而形成了各具特色的客户档案管理系统。

步骤二：客户管理内容

正如客户自身是复杂多样的，客户档案管理的内容也是复杂的，不能一概而论。归纳起来，客户档案管理的基本内容包括以下几项。

① 客户基础资料，即企业所掌握的客户的最基本的原始资料，是档案管理应最先获取的第一手资料。这些资料，是客户档案管理的起点和基础。客户资料主要是通过推销员进行客户访问搜集得到的。在档案管理系统中，客户资料大多以客户资料卡或客户管理卡的形式出现。

② 客户特征。包括服务区域、销售能力、发展潜力、经营观念、经营方针与政策、企业规模（职工人数、销售额等）、经营管理特点等。

③ 业务状况。主要包括目前及以往的销售实绩、经营管理者和业务人员的素质、与其他竞争公司的关系、与本公司的业务联系及合作态度等。

④ 交易活动现状。主要包括客户的销售活动状况、存在的问题、保持的优势、未来的对策、企业信誉与形象、信用状况、交易条件、以往出现的信用问题等。

客户资料卡

<table>
<tr><td rowspan="9">客户基本资料</td><td>客户姓名</td><td></td><td>具体地址</td><td colspan="4"></td></tr>
<tr><td>电话</td><td></td><td>年龄</td><td></td><td>性别</td><td colspan="2"></td></tr>
<tr><td>邮政编码</td><td></td><td>传真</td><td colspan="4"></td></tr>
<tr><td>结婚与否</td><td>□是 □否</td><td>子女情况</td><td colspan="4">□独生子女 □两个 □两个以上</td></tr>
<tr><td>购买决策权</td><td>□是 □否</td><td rowspan="2">潜在需求</td><td colspan="4" rowspan="2"></td></tr>
<tr><td>付款方式</td><td>□现金 □刷卡</td></tr>
<tr><td>送货地址</td><td></td><td>折扣</td><td></td><td>付款态度</td><td colspan="2">□佳 □一般 □差</td></tr>
<tr><td>返利</td><td></td><td>付款时间</td><td></td><td>付款金额</td><td colspan="2"></td></tr>
<tr><td>信用额度</td><td>□佳 □一般 □差</td><td>个人素质</td><td colspan="4">□佳 □一般 □差</td></tr>
</table>

以上四方面构成了客户档案管理的重点内容，客户档案管理基本上是围绕着这四方面展开的。

步骤三：客户档案管理方法

1．建立客户档案卡

客户档案管理的基础工作，是建立客户档案卡（又称客户卡、客户管理卡、客户资料卡等）。采用卡的形式，主要是为了填写、保管和查阅方便。客户档案卡主要记载各客户的基础资料，这种资料的取得主要有以下三种途径：

① 由推销人员进行市场调查和客户访问时整理汇总。

② 向客户寄送客户资料表，请客户填写。

③ 委托专业调查机构进行专项调查。

然后根据这三种渠道反馈的信息，进行整理汇总，填入客户档案卡。

上述三种途径的比较如下表所示。

三种途径的比较

第一种	最常用，但收集的顾客信息数量有限
第二种	客户基于商业秘密的考虑，不愿提供全部资料，或者由于某种动机夸大某些数字，所以对这些资料应加以审核
第三种	用于搜集较难取得的客户资料，但需要支付较多的费用

通过推销员进行客户访问建立客户档案卡的主要做法是：编制客户访问日报（或月报），由推销员随身携带，在进行客户访问时，即时填写，按规定时间上报，企业汇总整理，据此建立分客户的和综合的客户档案。除外，还可编制客户业务报表和客户销售报表，以从多角度反映客户状况。

为此，需要制订推销员客户信息报告制度（其中包括日常报告、紧急报告和定期报告），建立推销员客户信息报告规程。

2．客户分类

利用上述资料，对企业拥有的客户进行科学的分类，目的在于提高销售效率，促进企业营销工作更顺利地展开。

客户分类的主要内容包括：

① 客户性质分类。分类的标准有多种，主要原则是便于销售业务的展开，如下表所示。

客户性质分类

划分标准	类型
所有权	全民所有制
	集体所有制
	个体所有制
	股份制
	合资
客户性质	批发店
	零售商
	代理店
	特约店
	连锁店
	专营店
客户地域	商业中心店
	交通枢纽店
	居民区店
	其他店铺

② 客户等级分类。企业根据实际情况，确定客户等级标准，将现有客户分为不同的等级，以便于进行商品管理、销售管理和货款回收管理。

③ 客户路序分类。为便于推销员巡回访问、外出推销和组织发货，首先将客户划分为不同的区域，然后再将各区域内的客户按照经济合理原则划分出不同的路序，即划分区域→设计路序→实施拜访。

3．客户构成分析

利用各种客户资料，按照不同的标准，将客户分类，分析其构成情况，以从客户角度全面把握本公司的营销状况，找出不足，确定营销重点，采取对策，提高营销效率。

客户构成分析的主要内容包括：

① 销售构成分析。根据销售额等级分类，分析在公司的销售额中各等级客户所占的比重，并据此确定未来的营销重点。

② 商品构成分析。通过分析企业商品总销售量中各类商品所占的比重，确定对不同客户的商品销售重点和对策。

③ 地区构成分析。通过分析企业总销售额中不同地区所占的比重，发现问题，提出对策，解决问题。

④ 客户信用分析。在客户信用等级分类的基础上，确定对不同客户的交易条件、信用限度和交易业务处理方法。

4．客户档案管理应注意的问题

① 客户档案管理应保持动态性。客户档案管理不同于一般的档案管理。如果一经建立，即置之不顾，就失去了其意义。需要根据客户情况的变化，不断地加以调整，消除过旧资料，及时补充新资料，不断地对客户的变化进行跟踪记录。

② 客户档案管理的重点不仅要放在现有客户上，还应更多地关注未来客户或潜在客户，为企业选择新客户、开拓新市场提供资料。

③ 客户档案管理应“用重于管”，提高档案的质量和效率。不能将客户档案束之高阁，应以灵活的方式及时全面地提供给推销人员和有关人员。同时，应利用客户档案，做更多的分析，使死档案变成活资料。要确定客户档案管理的具体规定和办法。客户档案不能秘而不宣，但由于许多资料公开会直接影响与客户的合作关系，所以不宜流出企业，只能供内部使用。客户档案应由专人负责管理，并确定严格的查阅和利用的管理办法。

学生工作指引

任务 4.3　顾客信息归档

班级：　　　组别：　　　姓名：　　　指导教师：　　　项目课时：

工作任务	顾客信息归档
任务内容	1．辨识顾客档案采集的对象 2．设计顾客信息资料卡 3．使用顾客档案管理办法对顾客档案实施管理
工作过程	1．根据不同的划分标准，辨别顾客管理系统中顾客的类型 2．设计一张顾客信息采集资料卡 3．根据老师所给出的模拟顾客信息，运用科学的方法进行分析、归档处理

效果评价

任务 4.3 顾客信息归档

班级：　　　组别：　　　姓名：　　　指导教师：　　　项目课时：

工作任务	工作过程	成绩评定
职业素养	按时出勤，课堂表现好（10 分）	
	仪容仪表符合职业规范（5 分）	
	具备良好的团队合作精神（5 分）	
步骤一	根据教师所提供的顾客信息进行辨析（20 分） 从时间序列划分该客户为： 从交易过程划分该客户为： 从客户性质划分该客户为： 从交易数量和市场地位划分该客户为：	
步骤二	设计一份顾客信息采集卡（20 分）	
步骤三	根据教师所给出的模拟客户信息卡，对该公司的顾客信息进行分析、归档（40 分）	
学习体会	1．完成工作任务后你有什么收获？ 2．在完成工作任务的过程中，你遇到了哪些问题？有什么建议？	
成绩评定	指导教师签字： 年　月　日	总分

项目5

家电销售

项目背景

本月，张玲来到家电专柜，这里的商品和以往销售的商品有很大的区别。当张玲看到琳琅满目的空调、冰箱、电视、洗衣机等家电产品，看到老员工们沉着、自如地应对消费者提出的若干问题并熟练地向顾客展示家用电器使用方法时，她顿时傻眼了。在课堂上虽然零零散散地学过一些家用电器商品知识，但此时，张玲仍然感到盲目，更深感自己还要学习的内容还有很多。

项目分析

根据专柜经理的分析，张玲归纳总结家电专柜的工作任务如下：

1. 销售前期准备

（1）了解产品基本常识

（2）了解品牌或产品的卖点

（3）了解生产企业的优势

（4）准备商品，整理卖场

2. 家电销售流程与技巧

（1）接待顾客，初步接触

（2）展示商品，揣摩需求

（3）介绍商品，展示功能

（4）处理异议，劝说购买

（5）连带销售，收款包装

项目要求

知识要求

① 能描述家电基本常识。

② 能描述生产企业品牌特点。

③ 能描述企业的核心科技及带给消费者的利益和价值。

④ 能描述家用电器的安全隐患。

能力要求

① 能熟练接待顾客，根据顾客的语言揣摩顾客需求。

② 能根据顾客需求适时介绍家电，引导顾客购买。

③ 掌握家电基本常识，能娴熟地向顾客展示家用电器使用方法。

④ 能把握顾客心理，处理顾客提出的异议，促成交易。

情感要求

① 具有积极良好的心态和健康的心理素质。

② 具有踏实肯干、吃苦耐劳的工作精神。

③ 具有较强的亲和力、沟通能力、人际交往能力和应变能力。

任务5.1 销售前期准备

任务描述

本任务主要指导张玲认识了解家电知识的重要性，学习一定的家电知识及家电生产企业文化、核心技术，并运用一定销售技巧引导顾客选择、购买。

任务要求

知识要求

① 了解家用电器基本常识。

② 掌握品牌或产品的卖点。

③ 掌握生产企业的核心科技。

能力要求

① 能准确描述家用电器的基本特点和性能。

② 能描述生产企业的基本情况。

情感要求

具有较强的自我学习能力、口头表达能力和沟通协调能力。

任务分析

本任务完成对家用电器基本知识的学习、掌握，认识家用电器并能初步操作、使用；熟悉家用电器生产企业的生产背景，如发展历史、质量信誉、售后服务、核心科技等。

实施步骤

步骤一：认识家电与家电生产企业

1．关于空调的知识要点

① 空调基本知识。

② 空调的分类。

③ 空调的主要部件。

④ 空调型号的国家统一标准。

⑤ 空调的制冷、制热原理。

⑥ 空调的专业术语。

⑦ 空调匹数与面积的换算。

⑧ 变频机（直流变频、交流变频）。

⑨ 企业主推品牌、型号功能卖点提炼与生产企业情况。

2．关于冰箱的知识要点

① 冰箱的基本知识。

② 冰箱的分类与构造。

③ 冰箱型号的国家统一标准。

④ 冰箱的制冷原理及不同的制冷系统。

⑤ 冰箱的星级标志及气候类型。

⑥ 冰箱的噪声及国家标准。

⑦ 主推品牌、型号功能卖点提炼与生产企业情况。

3．关于洗衣机的知识要点

① 洗衣机的基本知识。

② 中国市场上洗衣机的分类及优缺点。

③ 洗衣机的构造。

④ 滚筒洗衣机的主要功能特点。

⑤ 洗衣机的国家标准。

⑥ 洗衣机的三包内容。

⑦ 主推品牌、型号功能卖点提炼与企业情况。

4．关于生活电器（抽油烟机、燃气灶、热水器、微波炉）的知识要点

① 基本概念及主要分类。

② 基本构造及工作原理。

③ 型号及国家标准。

④ 畅销产品的功能特点及企业生产情况。

5．关于通信及数码产品（手机、照相机、MP3～5 等）的知识要点

① 基本知识及分类。

② 目前手机使用的电池。

③ 主要功能。

④ 专业名词。

⑤ 主流品牌型号。

⑥ 关联配件。

6．关于电脑的知识要点

① 主要组件。

② 相关专业术语。

③ 主流品牌及功能特点。

④ 关联产品。

步骤二：家电售卖现场营业准备

① 个人准备：规范着装，注意选定顾客视线最佳且易于接近顾客的位置，以标准站姿站立，并观察客流，寻找接待机会。

② 商品准备：确保商品陈列整齐；确保功能卡、价签、样机卡、POP 正确，摆放规范；在适当位置摆放赠送样品或宣传卡。

③ 资料准备：准备产品宣传资料、销售文件、法律文件等资料。

④ 场地准备：清洁本区域卫生，确保商品、展台、地面卫生、整洁、规范。

学生工作指引

任务 5.1　销售前期准备

班级：　　　　组别：　　　　姓名：　　　　指导教师：　　　　项目课时：

工 作 任 务	销售前期准备
任务内容	1．引导学生按照给定的知识要点，收集产品知识、信息、资料 2．选择一种家电产品，了解家电产品及生产企业基本情况 3．营业现场准备
工作过程	实施步骤： 课前：将学生按每组 4～6 人分成若干学习小组，教师课前将有关空调基本常识的要点以问题的形式交给学生 课后：学生以小组为单位通过网络查询、商场走访等方式收集整理知识要点 课中：以小组为单位描述产品特点，小组间相互交流、学习并展示效果

效果评价

任务 5.1 销售前期准备

班级： 组别： 姓名： 指导教师： 项目课时：

工作任务	工作过程	成绩评定
职业素养	按时出勤，课堂表现好（10 分）	
	仪容仪表符合职业规范（5 分）	
	语言表达、交流沟通能力（5 分）	
	应变能力（5 分）	
	团队合作精神（5 分）	
步骤一	收集家用电器（空调、彩电、洗衣机、冰箱、厨房家电等）资料（20 分） 你收集到的产品资料有： 涉及的品牌有： 制作的产品介绍 PPT 有多少页：	
步骤二	描述家用电器知识、特点、功能、主要卖点等（20 分）	
步骤三	描述产品生产企业的发展历程、质量信誉、核心技术、售后服务等（20 分）	
步骤四	销售现场准备工作（角色模拟）（10 分） 描述家电销售现场准备的基本要求	
学习体会	1．完成工作任务后你有什么收获？ 2．在完成工作任务的过程中，你遇到了哪些问题？有什么建议？	

任务 5.2 家电销售流程与技巧

任务描述

家电产品的专业性比较强，零售价格也比较高，所以顾客进入卖场一般都有一定的购买意向或潜在需求。本任务内容主要以空调售卖为例，指导张玲熟悉家电销售的服务流程，掌握家电销售的技巧。

任务要求

知识要求

① 了解家用电器销售流程及工作要点。

② 了解家电销售常见顾客异议。

③ 掌握家电销售技巧。

能力要求

① 能描述家电销售流程。

② 能运用家电销售技巧引导顾客购买。

③ 能熟练处理顾客提出的异议。

情感要求

具有较强的自我学习能力、口头表达能力和应变能力。

任务分析

本任务完成对家用电器销售基本流程的学习，并掌握处理顾客异议的技巧，完成销售。

实施步骤

步骤一：接近顾客

接近顾客是对表现出购买兴趣的顾客进行接触的尝试，判断顾客的性格，建立友好、可信的形象，增强顾客继续与销售人员沟通意愿的过程。

工作要点：

① 销售人员与顾客有目光接触时，应主动向顾客报以阳光式的微笑，行点头礼，同时采用适当的音量向顾客问候“您好”，使走近的顾客感到亲切和受到欢迎。此时，重要原则是用心服务。

② 接近顾客时善于倾听顾客的问题，在回答顾客问题时不要使用否定的语气，而要用肯定的语气说话，给顾客安全感。

③ 适时、合理地赞美顾客及身边的人员如小孩。

④ 当两名销售人员同时问候一个顾客时，第二个接近顾客的销售人员应该有礼貌地退走。

⑤ 销售人员必须抓住接近顾客的时机，当顾客走至本区域内 1.2～5 米之间时，如果顾客停下脚步，有以下行为，销售人员应立即接近问候顾客：

- 较长时间（10 秒以上）注目某一型号商品，或者触摸商品及宣传品。
- 销售人员与顾客有目光接触。
- 好像在找商品。
- 顾客与同伴在商量。
- 顾客将手中的东西放下。
- 顾客细看专柜中的商品。
- 主动要求帮助。

知识拓展

正因为家电产品比较专业，顾客不太熟悉家电技术及其功能，容易心怀疑虑，所以，顾客刚刚进店时容易产生陌生感。作为销售人员，最重要的是打消其顾虑，消除其戒备心理。看到顾客进店，销售人员应面带微笑主动相迎，对顾客行注目礼，并在距离顾客 1 米左右向其问好，然后用目光关注顾客的举动，并在顾客需要的时候适时提供帮助，从而建立双方的互信关系。

步骤二：了解需求

了解需求是通过简单而有针对性的交流，了解顾客需求，识别最适合顾客需求的产品，同时解答顾客疑问并得到顾客信任的过程。

工作要点：

① 询问试探性问题，以便识别顾客类型以及他/她的决策关键因素。

② 重复解释顾客的需求，核对自己的判断是否正确，找到顾客的真实愿望，为下一步做准备。

③ 给顾客提供对等的谈话时间，专注倾听。

④ 了解顾客需求时应说的几句话（以彩电、洗衣机、空调、手机为例）如下。

彩电：您是准备在客厅用还是在卧室用？

洗衣机：您是洗普通衣物还是也洗床单被罩呢？

空调：您的房间使用面积是多少？

手机：您买手机是自己用还是送人？

⑤ 解答顾客疑问时应审慎回答，保持亲善，尊重顾客意见，全面清楚地回答。

⑥ 当对顾客询问无法解释时应诚实地说“对不起，请您稍等，我请其他人来给您回答，请原谅”，然后立即找可能正确解释的员工来为顾客解答。

知识拓展

在了解顾客需求的过程中，要把握时机，切忌出现以下现象：

① 强迫看起来在赶时间或者不感兴趣的顾客进入此流程。

② 机械地问问题或“质询”顾客。

③ 埋头看东西，缺乏和顾客眼神的交流，或不显示真切关怀。

④ 胡乱猜测顾客的意思，没能了解顾客的真实需求。

⑤ 解答顾客疑问时有模棱两可的言行。

步骤三：介绍商品与企业

这是基于对顾客需求的正确理解和专业知识向顾客推荐合适的商品，使顾客信任自己的过程。

工作要点：

① 推荐 2 个或 3 个款式，强调一个“主要推荐”的款式，明确说明它们 3～5 项独特的优点，并与顾客需求比较，让顾客看到商品给自己带来的益处。

② 引导顾客到样机前，演示产品优点，邀请顾客体验产品并解答问题。

③ 介绍时注意“先价值、后价格”，避免过早主动提到价格，避免顾客异议。

④ 根据顾客的准备情况给出初步价格。

⑤ 对可能离开不买的顾客，尝试用各种其他达成交易的杠杆，如赠品、促销、折扣、会员优惠等。

⑥ 如果不可能达成交易，应礼貌地创造新机会，通过询问顾客的联系方式、递上自己的联系方式，邀请顾客下次再来。

⑦ 避免过早主动提到售后服务，使顾客产生产品质量不合格的感觉。

⑧ 介绍主推商品时员工应用的服务用语：“这是现在最畅销的一款机型，我给您介绍一下。”

⑨ 适时介绍商品生产企业的质量信誉、核心技术及售后服务保障等。

步骤四：劝说购买

劝说购买是指在销售人员推介商品成功的情况下，顾客决定购买时，用语言帮助顾客做出选择并完成付款、提货、试机等流程的整个过程。

工作要点：

① 处理顾客异议，如下表所示。

处理顾客异议

价格型	处理实例： 1．价格太贵——“价格确实比较贵，不过我们先看您喜欢不喜欢再说。” 2．送赠品没意义——“您讲得有道理，您看中的是我们的产品本身。我们产品的价格和功能质量真的都非常好。我们可以再比较一下。” 3．怎么没优惠——“每个店情况会有不同，我们也有他们没有的优势，我给您详细说明一下！” 4．等降价再买——“这款电器的技术领先，不会有大幅度的降价，您现在买了现在就可以享受了！” 5．你们的价格比其他店高 50 元——“每个店情况会有不同，我们也有他们没有的优势，您来了解一下吧！”
品牌认知型	注意事项： 1．购买家电等高值商品的大部分顾客会预先想好买什么品牌，但是进店后 70%的顾客会改变主意 2．不能攻击其他竞争品牌，而要重点了解顾客对品牌的看法及背后动机 3．根据顾客需求强调卖点和给顾客带来的利益 处理实例： 1．买空调就要买格力的、海尔的!——“他们的是很不错，不过我们也有一些特别的优势，这也要看您的具体需要，是吧？我们不妨来比较一下。” 2．空调最好的是格力的!——“格力的确很不错，其实，任何东西都没有最好的，只有最合适的，要看您的具体需求。我们再比较一下产品吧！”
外观型	注意事项： 1．通常外观异议较难处理，特别需要了解顾客背后动机 2．如顾客对外观特别强调，则不能强迫顾客改变看法，应适时推荐另一款产品，让顾客通过比较产品来做出决定 3．如顾客对产品的其他特点都比较满意，并不是特别在意外观，则通过了解顾客最在意的特点介绍为其带来的利益转移焦点

续表

功能型	处理实例： 1．功能不怎么样嘛——“您需要什么样的功能呢？” 2．这么多功能?我不需要这么多——“您需要什么样的功能呢？” （根据顾客对需要的描述，有针对性地介绍、引导）
售后型	注意事项： 1．当顾客谈到售后异议时，一般是顾客有购买意向，只是在最终决定前担心购买风险，因此促销员要帮助顾客做决定 2．要用非常肯定的语气来打消顾客疑虑 3．多用售后服务的事实、证据或案例来证明

② 利用最佳成交时机，一鼓作气，劝说顾客，促使其选择、决定并达成交易。最佳时机的出现往往有以下几个信号：

- 突然不发问。
- 话题集中在某一个商品上。
- 主动提出成交。
- 不断地点头。
- 关心售后服务问题。

步骤五：连带销售

连带销售一方面是指当顾客决定不购买时，尝试推荐其他商品，令顾客产生兴趣的过程；另一方面是指当顾客购买后，尝试推荐其他相关商品，引导顾客消费的过程。

工作要点：

① 询问顾客是否对其他相关产品感兴趣，特别是与其购买商品相关的商品、配件等。

② 连带销售阶段应用的几句话如下。

- 当顾客购物即将结束时，说：“您好，你还需要其他家电商品吗？我们现在正在搞优惠促销活动，我带您去看看吧！”
- 转化用语：“您不喜欢这个品牌的产品，那我带您看看其他品牌吧！”
- 以彩电和连接线为例进行连带销售介绍：“您应该买一条专用的高质量连接线，使您刚才买的彩电达到更好的使用效果。”

学生工作指引

任务 5.2　家电销售流程与技巧

班级：　　　　　　组别：　　　　　姓名：　　　　　指导教师：　　　　　　项目课时：

工 作 任 务	家电销售流程与技巧
任务内容	1．接近顾客 2．了解需求 3．介绍商品及企业 4．劝说购买 5．连带销售
工作过程	1．接近顾客 ① 描述接近顾客工作要点 ② 模拟商场接近顾客的情景 2．了解顾客需求 ① 描述了解顾客需求的工作要点 ② 描述了解顾客需求的时间点 ③ 模拟商场了解顾客需求的语言情景 3．介绍商品与企业 ① 描述介绍商品的基本要点 ② 模拟商场情景，选择一种品牌的产品进行详细介绍、展示、解说，并利用其品牌优势、价值点进行推介（借助制作的 PPT） 4．劝说购买 ① 通过资料查询、现场调查等方式收集商场顾客对家电提出的异议类型 ② 描述家电销售的顾客异议类型 ③ 分析教师给出的模拟情景，提出处理顾客异议的措施 ④ 描述劝说购买、达成交易的时机有哪些 5．连带销售 ① 分组收集、调查各类家电产品的连带产品（冰箱、彩电、空调） ② 列举各大类家电的连带产品品牌名称 ③ 描述并模拟家电产品连带销售的技巧 6．综合实训 教师给出模拟情景，学生根据模拟情景编写销售人员与顾客之间的对话过程，要体现任务中提到的知识和技能要点，并要求分组进行展示

效果评价

任务 5.2 家电销售流程与技巧

班级： 组别： 姓名： 指导教师： 项目课时：

工作任务	工作过程	成绩评定
职业素养	按时出勤，课堂表现好（10 分）	
	仪容仪表符合职业规范（5 分）	
职业素养	语言表达、交流沟通能力（5 分）	
	应变能力（5 分）	
	课前准备包括收集的产品及企业信息、资料是否完整、准确、翔实（5 分）	
	团队合作精神（5 分）	
步骤一	接近顾客（10 分） 接近顾客的工作要点有：	
步骤二	了解顾客需求（10 分） 了解顾客需求的工作要点有：	
步骤三	介绍、展示商品（20 分） 介绍、展示商品的工作要点有： 你准备介绍、展示的商品是： 产品型号是： 其功能特点有： 主要价值（卖点）在于： 生产企业的基本情况有：	

续表

工 作 任 务	工 作 过 程	成 绩 评 定
步骤四	劝说购买（20 分） 劝说购买的工作要点有： 家电销售中常出现的异议类型有： 老师展示的情景属于什么类型的异议： 对老师（同学）提出的异议怎么处理（回答）： 达成交易的信号有：	
步骤五	连带销售（5 分） 连带销售是指： 列举一种产品的连带产品名称、价值：	
学习体会	1．完成工作任务后你有什么体会？ 2．在完成工作任务的过程中，你遇到了哪些问题？有什么建议？	

参考文献

[1] 林葳．服装销售细节大全［M］．武汉：华中科技大学出版社，2013．

[2] 汤向阳．营业员知识与技能［M］．北京：高等教育出版社，2000．

[3] 张智清．商品知识［M］．2版．北京：高等教育出版社，2009.

[4] http://www.doc88.com

[5] http://zhidao.baidu.com

[6] http://wenku.baidu.com

[7] http://zh.wikipedia.org